Ihr Kind ißt mit

Die Grundlagen für die gesunde Entwicklung Ihres Babys werden schon im Mutterleib gelegt. Nur wenn alle Bausteine ausreichend vorhanden sind, kann sich Ihr Baby optimal entwickeln. Trotzdem ist es nicht gefeit gegen schädliche Einflüsse – Sie können es davor schützen. Schließlich sollten Sie selbst die neun Monate so beschwerdenfrei wie möglich genießen und auch danach noch Kraftreserven haben. Eine bewußte Ernährung ist der Schlüssel zu einer unbeschwerten Schwangerschaft und eine wichtige Voraussetzung für ein gesundes Baby und eine gesunde Mutter!
Dies alles wünsche ich Ihnen von Herzen – mein Buch soll Ihnen dabei eine Hilfe sein!

Die Farbfotos gestalteten
Odette Teubner und
Dorothee Gödert.

INHALT

Das geschieht in Ihrem Körper

Vorweg: Die Schwangerschaft ist keine Krankheit! Sie ist eine intensive Zeit in unserem Leben, die wir aktiv erleben und positiv beeinflussen können. Nutzen Sie diese Chance für sich und Ihr wachsendes Kind!
Die große hormonelle Umstellung während der ersten 12 Wochen, des 1. Trimenons (Drittels), macht sich häufig durch »Unwohlsein« bemerkbar: Die Brüste spannen, der Morgen kann mit Übelkeit beginnen, und Sie sind den ganzen Tag zum Umfallen müde. Das hat auch positive Aspekte: Ihr Körper zwingt Sie zu Ruhe und Schonung in den unsicheren ersten Wochen.
Das ändert sich im 2. Trimenon (13.–24. Woche): Ihr Körper hat die Umstellung bewältigt, Sie sind wahrscheinlich ausgeglichen und fit wie nie zuvor – wenn Sie vernünftig leben und essen. Bei Problemen kann eine Ernährungsumstellung häufig helfen (siehe Seite 18–25).
Die ersten zwei Trimenons gehören zur Aufbauphase – noch braucht das Kind wenig, eher legt die Mutter Nährstoffreserven an: Fettpolster als Energievorrat für Geburt und Stillzeit, Eiweiß fürs Wachstum des Babys, Vitamine und Mineralstoffe.
Das 3. Trimenon (25.–40. Woche) ist von der Mutter her gesehen eine Abbauphase: Das Kind wächst enorm und ist auf

So schnell wächst Ihr Kind:
seine Gewichtszunahme während der Schwangerschaft. Alle Angaben sind natürlich nur Durchschnittswerte.

Die Schwangerschaft wird in 10 Mondmonate unterteilt.
Der innere Kreis symbolisiert die 1,1g, die Ihr Kind am Ende des 2. Monats wiegt. Das steigert sich im Laufe des 3. Monats auf 14,2 g, im 4. Monat auf 108 g. In den Folgemonaten geht das Wachstum weniger stürmisch voran: am Ende des 5. Monats sind es 316 g, des 6. Monats 630 g, des 7. Monats 1045 g, des 8. Monats 1680 g, des 9. Monats 2378 g und des 10. Monats 3405 g. Die schnellste Zunahme zu Beginn können Sie als Mutter noch nicht wahrnehmen, da das Kind noch zu klein ist. Erst etwa zu Ende des 5. Monats spüren Sie die Bewegungen Ihres Kindes.

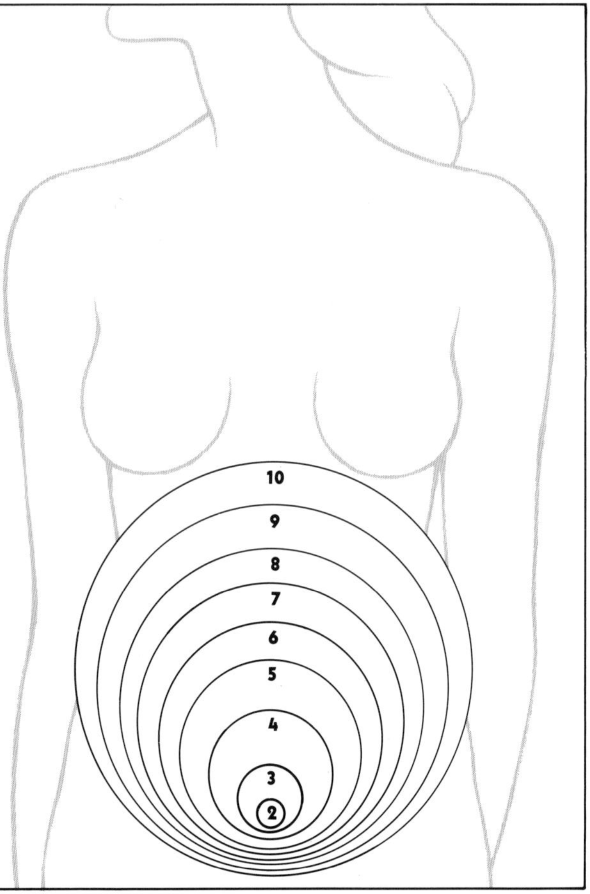

Übelkeit während der ersten Wochen kennt fast jede Schwangere. Helfen kann eine leichte, Vitamin B-reiche Ernährung, zum Beispiel mit Milch- und Getreideprodukten, Hefe, Fleisch, Seefisch und Nüssen.

die Reserven der Mutter angewiesen. Ein Nährstoffmangel bei der Mutter hat jetzt Folgen für das Kind. Eiweiß, Eisen, Calcium, Jod und wasserlösliche Vitamine kann sich das Kind auf Kosten der Mutter holen. Sind die Defizite jetzt zu groß, kann es zu Komplikationen führen.

So schnell wächst Ihr Kind im Mutterleib

So klein der Embryo noch ist, werden doch in den ersten 12 Wochen bereits alle Organe angelegt und entwickelt. In dieser Zeit fallen schädigende Einflüsse durch Nikotin, Alkohol und Medikamente, aber auch Nährstoffmangel besonders ins Gewicht. Wichtig in dieser Phase sind Calcium, Phosphor und Vitamin D für einen gesunden Knochenaufbau.
Nach 12 Wochen reden die Mediziner nicht mehr vom Embryo, sondern vom Fetus. Er ist in seinen Anlagen ausgebildet und braucht die folgenden Monate vor allem zum Wachsen. Spätestens vom 6. Monat an ist es nicht mehr zu übersehen: Das Bäuchlein wächst. Ihr Kind benötigt nun auch deutlich mehr Nährstoffe und Kalorien. Eine schlechte Versorgung in dieser Phase führt nicht mehr zu Mißbildungen, aber doch zu einem verminderten Wachstum: Das Kind kommt kleiner zur Welt.

Die Plazenta: Verbindung, aber kein Filter

In der Plazenta, dem Mutterkuchen, treffen kindlicher und mütterlicher Blutkreislauf aufeinander. Sie sind nur durch eine hauchdünne Haut, eine Membran, voneinander getrennt. Diese ist für bestimmte Stoffe durchlässig: Das Kind gibt seine Stoffwechselprodukte an die Mutter ab, die Mutter versorgt es ihrerseits mit Nährstoffen. Für einen Teil dieser Stoffe ist die Membran in beiden Richtungen durchlässig: Mutter und Kind sind gleich gut oder schlecht versorgt. Andere, nämlich Eiweiß, Eisen, Calcium und alle wasserlöslichen Vitamine, werden aktiv zum Baby gepumpt: Ein Mangel geht ganz zu Ihren Lasten. Und es ist nicht wenig, was Ihr Kind Ihnen im Laufe der Schwangerschaft abverlangt: Etwa 30 g Calcium, 17 g Phosphor, 800 mg Magnesium und 400 mg Eisen baut es allein an Mineralstoffen in seinen Körper ein – und das alles führt Ihr Körper ihm über die Nahrung zu.
Ein Filter, der Ihr Kind vor schädlichen Stoffen schützt, ist die Plazenta übrigens nicht: Giften wie Medikamenten, Nikotin, Schwermetallen und Alkohol ist es hilflos ausgeliefert!

Nicht viel mehr, aber viel besser essen

Alte Vorstellungen über Ernährung in der Schwangerschaft sitzen tief: »Für zwei essen, Heißhunger auf Süßes, ein Gläschen in Ehren ...«, das alles soll Mutter und Kind guttun. Mitnichten! Nur in puncto Vitaminen, Mineralstoffen und Eiweiß sollten Sie zuschlagen. Alkohol schadet in jedem Fall, und Energie, sprich Kalorien, sind nur in Maßen zu erhöhen. Besser gesagt: Pro Kalorie muß Ihr Speisezettel mehr wertvolle Nährstoffe enthalten als sonst – dann sind Präparate überflüssig. Rechts der zusätzliche Bedarf an Nährstoffen nach den neuesten Zahlen der Deutschen Gesellschaft für Ernährung.

Im Durchschnitt kommen einige Nährstoffe bei vielen Schwangeren zu kurz: Calcium, Eisen, Magnesium, die Vitamine B_1, B_2, B_6 und Folsäure. Die Tabelle auf Seite 10 zeigt Ihnen, warum diese Substanzen so wichtig sind und worin sie enthalten sind.

Mit einer bewußten Ernährung können Sie diesen Mehrbedarf decken. Bevorzugen Sie Lebensmittel aus folgenden Gruppen:

- Milch und Milchprodukte
- Mageres Fleisch
- Kartoffeln und Vollkornprodukte
- Grüngemüse und frisches Obst.

Maßhalten sollten Sie bei Zucker, Fett, Gebäck aus Weißmehl, Süßigkeiten und Limonaden. Sie enthalten viele Kalorien, aber wenige Minerale und Vitamine.

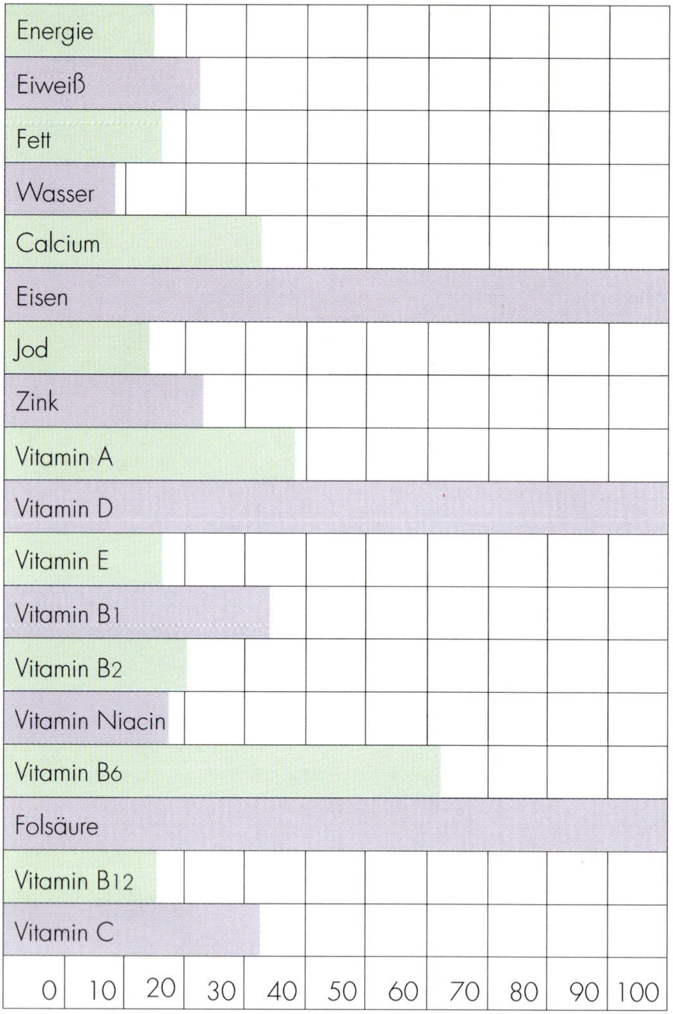

Bei fast allen Vitaminen und Mineralstoffen haben Schwangere einen teilweise extrem gesteigerten Mehrbedarf. Wieviel das in Prozent ausmacht, können Sie dieser Tabelle entnehmen. Wie Sie den Bedarf der meisten gut decken können, zeigt Ihnen die Tabelle auf Seite 10.

Zunehmen ist wichtig!

Sicher: In unserer schlankheitsbetonten Welt ist es nicht leicht, eine Gewichtszunahme positiv zu sehen. Genießen Sie es! Denn wenn Sie schlank sind und jetzt zu wenig zulegen, kann Ihr Kind mit Untergewicht zur Welt kommen. Wer gar abnimmt, riskiert eine Frühgeburt! Übergewichtige Frauen sollten aber eher weniger zunehmen. In Zahlen sieht das so aus: Untergewichtige Mütter (siehe auch Seite 22) sollten bis zu 16 kg zunehmen, normalgewichtige zwischen 10 und 11 kg, übergewichtige zwischen 9 und 10 kg (siehe Seite 23).
Die Grafik auf Seite 23 zeigt den Verlauf der Zunahme und was sie verursacht: Die gefürchteten Fettpolster machen in Wirklichkeit nur einen kleinen Teil aus!
Die Kurve läßt auch ahnen, wie es mit dem zusätzlichen Kalorienbedarf aussieht:

- Während der ersten 3 Monate brauchen Sie nur 100 Kalorien mehr pro Tag, also insgesamt 2 300 kcal, beziehungsweise 2100 kcal, wenn Sie älter als 25 sind. Jetzt schon zunehmen sollten Sie nur, wenn Sie überschlank sind.
- Im 2. Trimenon nehmen Sie kräftig zu: Jetzt werden die Reserven gebildet und Gewebewasser eingelagert. 300 Kalorien mehr als sonst dürfen Sie essen, also 2 500 kcal am Tag. Werdende Mütter über 25 brauchen nur 2300 kcal pro Tag. Denn mit steigendem Alter sinkt der Energiebedarf.
- Ab der 25. Woche werden's dann noch einmal 100 Kalorien mehr: 2 600 kcal (beziehungsweise 2400 kcal) pro Tag versorgen Sie und Ihr Kind jetzt ausreichend. Von »für zwei essen« kann also in puncto Kalorien nicht die Rede sein! Im Gegenteil! Und: Je älter Sie sind, desto bewußter sollten Sie sich ernähren. Denn Sie benötigen weniger Kalorien, aber ebenso viele Mineralstoffe und Vitamine wie die Jüngeren.

Aber andererseits: Nur keine Panik, wenn Sie zeitweise etwas schneller zunehmen – und vor allem keine Hungertage danach einlegen! Nur bei plötzlicher krasser Gewichtszunahme sollten Sie zum Arzt gehen: Es könnte der Beginn einer Gestose sein (Siehe Seite 17).

Die Ernährungsbausteine

Energie wird von drei Ernährungsbausteinen geliefert: Eiweiß und Kohlenhydrate enthalten je 4 kcal pro Gramm, Fett 9 kcal. Die richtige Verteilung der täglichen Kalorienzufuhr auf diese drei Bausteine ist entscheidend für eine gesunde Ernährung.

Eiweiß für das neue Leben

Eiweiß ist die Grundsubstanz unserer Zellen. Untersuchungen zeigen: Hungert die Mutter, sind die Babys zu klein. Essen Mütter ausreichend, aber eiweißarm, sind die Neugeborenen ebenfalls untergewichtig. Mit anderen Worten: Eiweiß als Baustein muß ausreichend zur Verfügung stehen. Bei einer insgesamt ausreichenden Ernährung steigt der Eiweißbedarf allerdings erst im 4. Monat von etwa 50 g auf 60 g pro Tag an, denn erst jetzt wird das Kind so groß, daß sein Bedarf ins Gewicht fällt. Das heißt: etwa 13–15% der täglichen Energie sollten in Form von Eiweiß verzehrt werden. Da wir in der Regel viel mehr Eiweiß essen, ist das nicht problematisch. Eher kommt es auf eine ausgewogene Mischung an: Das Eiweiß sollte von der Zusammensetzung seiner Bausteine, der Aminosäuren, her möglichst unserem speziellen Bedarf entsprechen. Gleichzeitig sollte mit dem Eiweiß nicht zuviel Fett aufgenommen werden. Eine Mischung aus tierischem und pflanzlichem Eiweiß im Verhältnis von 1:2 ist deshalb ideal. Gute Quellen für tierisches Eiweiß sind mageres Fleisch, Ei, Fisch und Milchprodukte mit mäßigem Fettgehalt (3,5% bei Milch, 40% Fett i.Tr. bei Käse). Günstige pflanzliche Eiweißlieferanten sind Vollkorngetreide, vor allem Körner wie Quinoa und Amaranth, Hülsenfrüchte und Kartoffeln. Unserer Zeichnung auf Seite 8 können Sie entnehmen, welche Kombinationen besonders hochwertig sind (»biologische Wertigkeit«).

Fett in Maßen

Fett ist wichtig: Unser Körper baut aus den mehrfach ungesättigten Fettsäuren Zellwände und Hormone auf. Außerdem sind Fette Träger der fettlöslichen Vitamine A, D, K und E, beziehungsweise sie begünstigen deren Aufnahme und Verwertung. Doch die benötigten Mengen sind so gering, daß in der Schwangerschaft der Fettanteil in der Nahrung wie sonst auch 25–30% nicht überschreiten sollte. Tatsächlich essen wir durchschnittlich zu viel Fett, nämlich 40% der täglichen Kalorien! Auch hier ist eine Mischung von pflanzlichen und tierischen Fetten wichtig. Kaltgepreßte Öle und ungehärtete Margarine, Nüsse und Samen, Oliven und Avocado liefern als pflanzliche Fette die hochungesättigten Fettsäuren und die Vitamine A und E. Tierische Fette in Butter, Käse und Eidotter liefern Vitamin D und Lecithin. Höchstens 80 g Fett pro Tag dürfen Sie sich ab dem 4. Monat leisten. Das ist schnell erreicht: Leicht unterschätzt man seinen Fettkonsum, denn die meisten Fette kommen versteckt und weniger hochwertig daher in Wurst, Käse, Desserts oder Gebäck. Sorgen Sie hier für fettarme Produkte, beziehungsweise essen Sie diese Lebensmittel nur in Maßen, und genießen Sie lieber wertvolle Fette pur.
So sollten Sie sich mindestens 1 Eßlöffel kaltgepreßtes Öl im Salat und 20–30 g Butter oder ungehärtete Margarine auf dem Brot gönnen. Wichtig: Speziell diese Portionen sollten kalt verzehrt werden, denn beim Erhitzen gehen wertvolle Stoffe verloren.

Kohlenhydrate haben's in sich

Sie sollten mit 50–60% der Energie (beziehungsweise etwa 300 g im 1. und 2. und etwa 340 g im 3. Trimenon) den Löwenanteil unserer Tagesverpflegung ausmachen. Kohlenhydrate sind die Grundsubstanz pflanzlicher Lebensmittel: Getreide, Obst und Gemüse bestehen fast ausschließlich aus ihnen. Gleichzeitig sind sie Hauptträger von Vitaminen, Mineral- und Ballaststoffen: Sie haben im Durchschnitt die höchste Nährstoffdichte, das heißt, die meisten wertvollen Nährstoffe pro Kalorie. Das ist jetzt besonders wichtig für Sie, denn während Ihr Kalorienbedarf relativ wenig steigt, brauchen Sie doch ungleich mehr Vitamine und Minerale (Siehe Tabelle Seite 10). Außerdem werden Kohlenhydrate vom Körper am einfachsten zur Energiegewinnung ausgenutzt. Und sie sind Grundsubstanz für Glukose, die die Energie für unser Gehirn und das wachsende Kind liefert: Zwischen 30 und 50 g Glucose braucht Ihr Kind im letzten Trimenon pro Tag!
Doch Kohlenhydrat ist nicht gleich Kohlenhydrat: Zucker und Weißmehl machen heute die Hälfte der Kohlenhydratzufuhr aus, liefern aber kaum Vitamine, Minerale und Ballaststoffe. Deshalb werden sie auch als »leere« Kohlenhydrate bezeichnet. Sorgen Sie dafür, daß diese »Weißen« nicht mehr als 10% der täglichen Kalorien ausmachen.
Und: Zu viel Süßkram verstärkt außerdem die jetzt typische Darmträgheit. Außerdem können Schwangere plötzliche Schwankungen im Blutzucker-

Optimale Lebensmittelkombination erhöht die »biologische Wertigkeit«

	Milchprodukte	Eier	Getreideprodukte	Mais	Kartoffeln	Hülsenfrüchte	Nüsse, Samen
Milchprodukte			■	■	■	■	■
Eier					■	■	
Getreideprodukte	■					■	■
Mais	■					■	
Kartoffeln	■	■					
Hülsenfrüchte	■	■	■	■			■
Nüsse, Samen	■		■			■	

Verteilung der Fettsäuren in den Nahrungsfetten

	gesättigte Fettsäuren	einfachungesättigte Fettsäuren	mehrfachungesättigte Fettsäuren
Milchfett (Butter)	60	37	3
Schweineschmalz	43	49	8
Olivenöl	19	73	8
Kürbiskernöl	19,2	28	52,8
Maiskeimöl	14	29	57
Sojaöl	14	24	62
Weizenkeimöl	16	22	62
Sonnenblumenöl	8	27	65
Traubenkernöl	10,5	19	70,5
Safloröl (Färberdistelöl)	10	15	75

Besonders wertvolle Fettbestandteile sind die ungesättigten Fettsäuren. Die mehrfachungesättigten (»essentiellen«) Fettsäuren kann der Körper nicht selbst aufbauen, sie mit der Nahrung zuzuführen ist also besonders wichtig.

gesättigte Fettsäuren
einfachungesättigte Fettsäuren
mehrfachungesättigte Fettsäuren

spiegel nicht gut ausgleichen. Besser für Mutter und Kind ist ein stetiger Energiefluß, der durch die längere Verdauungszeit ballaststoffreicher Lebensmittel entsteht. Als Spätmahlzeit sind deshalb Vollkorngebäck oder Obst ideal.

Vitamine: Zündende Funken für den Stoffwechsel

Sie sind beim Ab- und Umbau aller Nährstoffe entscheidend beteiligt. Deshalb: Steigt die Nährstoffzufuhr, steigt auch der Vitaminbedarf. Wird dazu noch neue Zellsubstanz aufgebaut wie in der Schwangerschaft, sind noch mal zusätzliche Vitamine nötig. So ist es kein Wunder, daß viele werdende Mütter in puncto Vitaminen zu kurz kommen. Und speziell bei Vitaminen geht ein Mangel auf Kosten der Mutter, denn sie werden aktiv durch die Plazenta geschleust, auch wenn der Spiegel im mütterlichen Blut zu niedrig ist. Abgeschlagenheit, Nervosität, Unwohlsein, sogar Haarausfall und Hautprobleme müssen in dieser Zeit nicht hormonelle Ursachen haben, sondern sind teilweise auf zu wenig Vitamine zurückzuführen. Doch auch das Kind leidet unter einer knappen

Diese Nährstoffe sind für Mutter und Kind besonders wichtig und kommen oft zu kurz

Nährstoff	notwendig für	kommt vor in
Calcium	Knochenbildung; etwa 30 g baut das Baby ein.	Milch mit 1,5 oder 3,5% Fett. (1/2 l täglich) oder Joghurt, Hartkäse, Kefir.
Eisen	Blutbildung; etwa 400 mg braucht das Baby bis zur Geburt.	mageres, dunkles Fleisch (Lamm, Rind, Wild), Leber*, Vollkorn. Vitamin C-reiche Gemüse, Obst und Saft verbessern die Eisenaufnahme.
Jod	Schilddrüse und die Entwicklung des Babys.	Seefisch (2mal die Woche!), jodiertes Salz, Brot und Wurst mit Jodsalz.
Magnesium	Stoffwechsel und Knochen; Bestandteil der Gewebeflüssigkeit, schützt vor Frühgeburt.	Kartoffeln, Gemüse, Bananen, Vollkorn, Hülsenfrüchte. Tip: intensiv bewirtschafteter Boden ist magnesiumarm, deshalb »Bioprodukte« bevorzugen.
Zink	Gesamtstoffwechsel, gesundes Wachstum, schützt vor Frühgeburt.	Rindfleisch, Leber*, Hartkäse, Schalentiere, grüne Erbsen. Getreidekleie und Alkohol hemmen die Aufnahme.
Vitamin B_1	Abbau von Kohlenhydraten (Energiestoffwechsel).	Vollkorn, Sprossen, mageres Schweinefleisch, Sonnenblumenkerne, Nährhefe. Alkohol, schwarzer Tee, rohes Eiweiß hemmen die Aufnahme.
Vitamin B_2	Gesamtstoffwechsel, gesundes Wachstum.	Milch, Käse, Quark, Ei, Leber*, Nährhefe, Sprossen.
Vitamin B_6	Eiweißstoffwechsel (Blutbildung, Zellwachstum).	Vollkorn, Weizenkeime, mageres Fleisch, Seefisch, grünes Gemüse, Bananen.
Folsäure	Eiweißstoffwechsel (Blutbildung, Zellwachstum).	Zitrusfrüchte, Spargel, Spinat, Fenchel, Leber*, Weizenkeime, Hefe; wird durch Hitze zerstört, also möglichst viel roh verzehren.
Vitamin C	Bindegewebsbildung, Abwehrkräfte, Eisenaufnahme.	Zitrusfrüchte, Beeren, Broccoli, Paprika, Kohl, Spinat, Mangold.
Vitamin A	Teil des Sehpurpurs, Eiweißbildung.	Eigelb, Käse, gelbes Obst und Gemüse, Leber*.

*Obwohl Leber reich an Vitamin A und Mineralstoffen ist, sollten Sie sie in der Schwangerschaft nicht essen. Untersuchungen ergaben bei einzelnen Proben einen extrem hohen Vitamin-A-Gehalt in Leber. Vitamin A in Überdosis schädigt den Fetus. Streichen Sie deshalb sicherheitshalber Leber von Ihrem Speisezettel.

Versorgung der Mutter: Untergewicht und Frühgeburten gibt es gehäuft bei Vitamin C-, B_6- und A-Mangel, schwere Entwicklungsschäden bei zu wenig Folsäure. Diese kritischen Vitamine finden Sie in der Tabelle auf Seite 10. Dort können Sie auch nachlesen, mit welchen Lebensmitteln ein Mangel am besten zu vermeiden ist. Vitaminpräparate sind nicht notwendig, wenn Sie die Rezepte in diesem Buch verwenden, wenn Sie sich nach meinen Ratschlägen richten und viel frisches, rohes oder schonend gegartes Obst und Gemüse essen sowie Vollkorngetreide bevorzugen. Auf keinen Fall sollten Sie Vitaminpräparate nach eigenem Gutdünken einsetzen: Bei Vitamin A zum Beispiel kann eine Überdosierung das Kind schädigen! Nur auf ärztliche Empfehlung sollten »Vitamin-Pillen« genommen werden.

Mineralstoffe: Bausteine und Aktivatoren

Calcium und Phosphor sind Bausteine für Knochen und Zähne, Eisen für die roten Blutkörperchen, Kalium, Natrium und Chlor für die Körperflüssigkeit innner- und außerhalb der Zellen. Zink und Selen sorgen für gesundes Wachstum, Jod schützt vor Schilddrüsenunterfunktion schon beim Kind, und Fluor legt den Grundstein für gesunde Zähne. Sie sehen: Ein steigender Bedarf an diesen Mineralen in der Schwangerschaft ist kein Wunder. Sie werden vom wachsenden Körper des Kindes gebraucht. Aber auch die Mutter benötigt für die zunehmende Menge von Gewebswasser und Blut (siehe Zeichnung Seite 23) eine kräftige Mineral-Zulage. Und da die Versorgung oft schon bei Nicht-Schwangeren nicht zum Besten ist, ist sie während der neun Monate alles andere als optimal. In der Tabelle (Seite 10) habe ich die besonders kritischen Nährstoffe zusammengefaßt: Calcium, Eisen, Magnesium, Zink und Jod. Zu wenig Calcium schädigt die Knochensubstanz von Kind und Mutter, zu wenig Eisen verschlechtert durch Sauerstoffmangel im Blut den Zellstoffwechsel, zu wenig Magnesium kann zu Krämpfen, Früh- und Fehlgeburten führen. Auch Zinkmangel führt zu Komplikationen, und ein Jodmangel kann bereits beim Neugeborenen einen Kropf verursachen. Schon wenige Maßnahmen schließen extremen Mangel aus: Ausreichend Fleisch, Milch und Milchprodukte, Vollkorn und Kartoffeln, jodiertes Speisesalz und Seefisch sind ausgezeichnete Mineralspender. Achten Sie außerdem darauf, daß Gemüse und Obst nicht zu lange gewaschen werden: Das laugt

Einige Lebensmittel, die wichtige Mineralstoffe enthalten: Vollgetreide, mageres, dunkles Fleisch, Käse, Banane, Seefisch, Kartoffeln, Linsen. Beachten Sie dazu bitte auch die Tabelle auf Seite 10.

keit dazugeben und das Kochwasser immer mitverwenden: Es enthält eine Menge ausgeschwemmter Mineralstoffe. Zurückhaltend sollten Sie im Umgang mit Salz (Natriumchlorid) sein: Zuviel bindet Wasser im Körper und kann zu Bluthochdruck führen. Ausgesprochen salzarm sollten Sie aber auch nicht leben: Ihr erhöhtes Blut- und Flüssigkeitsvolumen braucht Natrium und Chlorid, Ihr Kind ebenfalls. Mit 5–10 g pro Tag machen Sie nichts falsch. Bevorzugen Sie aber natriumarmes Mineralwasser (unter 20 mg pro Liter), verzichten Sie auf Salzgebäck und stark gepökelte Fleischwaren.

Ballaststoffe sind nötiger denn je

Sie werden es bemerken: Durch die hormonelle Umstellung wird die Verdauung träger. Mit zunehmendem Bauchumfang ist außerdem der Darm in seiner Bewegung eingeschränkt. Das beste Mittel gegen Verstopfung sind reichlich Ballaststoffe. Das sind unverdauliche Bestandteile vor allem in pflanzlichen Nahrungsmitteln: Vollkorn, Gemüse und Obst – möglichst roh gegessen – enthalten reichlich davon. Spitzenreiter sind Getreidekleie, Beeren und Hülsenfrüchte.
Die Fasern quellen im Darm auf, regen ihn in seiner Beweglichkeit an und verkürzen so die Passage der Nahrung im Darm. Dabei binden sie Abbauprodukte des Stoffwechsels und fördern die Entwicklung einer gesunden Darmflora. Sehr wichtig: Gleichzeitig reichlich trinken, damit genug Flüssigkeit zum Quellen der Ballaststoffe zur Verfügung steht. Sie haben übrigens noch einen ganz großen Vorteil: Sie füllen, ohne Kalorien zu liefern, sorgen also für frühzeitige Sättigung. Gleichzeitig regulieren sie die Verdauung so, daß die Energie gleichmäßiger ins Blut übergeht und der Energiefluß aus einer Mahlzeit länger anhält. Sie schlagen also mehrere Fliegen mit einer Klappe! Empfohlen werden 30 g Ballaststoffe pro Tag für Schwangere – am besten aus verschiedenen Quellen. In der Tabelle ist nachzulesen, wie Sie diesen Bedarf decken können.

Ballaststoffgehalt in g

Lebensmittel	Ballaststoffe pro 100 g
Weizenbrötchen	3,0
Vollkornbrötchen	7,5
Roggenmischbrot	6,2
Roggenvollkornbrot	7,7
Weißer Reis	1,4
Vollkornreis	2,9
Weizenmehl Type 405	4,0
Vollkorn-Weizenmehl	12,9
gegarte Nudeln	1,5
gegarte Vollkornnudeln	4,4
Gurke	0,9
Fenchel	3,3
Zucchini	1,1
Möhren	3,4
Melone	1,0
Apfel, ungeschält	3,0
Weintrauben	1,6
Himbeeren	4,5

Im Wechsel sehen Sie hier ballaststoffarme (blaue Spalte) und ballaststoffreiche (rote Spalte) Lebensmittel.

Schwelgen Sie in Flüssigkeit

Das Baby muß schwimmen: Ihr Körper kann während der Schwangerschaft bis zu etwa 8 Liter Flüssigkeit zusätzlich einlagern – teilweise als Fruchtwasser, als Blut oder im Gewebe. Nach der 36. Woche lagert er noch mal Flüssigkeit ein: Ein Polster für die Milch in den ersten Wochen. Gegen Ende der Schwangerschaft können Sie das oft selber feststellen: Nach längerem Sitzen schwellen die Beine an, die Ringe an den Fingern werden enger – und Ihre Haut ist besonders schön und glatt.
Durch den aktiven Stoffwechsel schwitzen Sie wahrscheinlich leichter. Das alles macht klar: Ausreichend trinken ist wichti-

Mit diesem Speisezettel decken Sie vor dem 4. Schwangerschaftsmonat ungefähr Ihren Nährstoffbedarf, ohne zuviel Kalorien zu sich zu nehmen

Morgens:
Milchkaffee mit 50 ml Milch, 2 Scheiben Vollkornbrot (insgesamt 150 g) mit je 1 Teel. Butter oder Margarine, 1 Scheibe Käse (30 g) und 1 Teel. Honig.

Vormittags:
1 Becher Joghurt (1,5%) mit 10 g Weizenkleie und 100 g Himbeeren.

Mittags:
1 Mini-Rindersteak (70 g) in 1 Teel. Öl gebraten, mit 200 g Spinat in 1 Teel. Butter gedünstet und 250 g Pellkartoffeln. Als Nachtisch 1 großer Apfel.

Nachmittags:
150 g Joghurt (1,5%) mit 200 g Erdbeeren.

Abends:
Salat aus 100 g Tomate mit 1 Teel. Öl und Kräutern, 2 Scheiben Vollkornbrot (insgesamt 150 g) mit 2 Teel. Butter oder Margarine, 30 g Roastbeef und 30 g Käse.

Morgens:
Milchkaffee mit 50 ml Milch. 2 dickere Scheiben Vollkornbrot (insgesamt 175 g) mit je 1 Teel. Butter oder Margarine, 1 dicke Scheibe Käse (45 g) und 1 Teel. Honig

Vormittags:
1 Becher Joghurt (1,5%) mit 10 g Weizenkleie und 100 g Himbeeren.

Mittags:
1 Schweineschnitzel (100 g) in 1 Teel. Öl gebraten, mit 200 g Broccoli in 1 Teel. Butter gedünstet und 300 g Pellkartoffeln. Zum Nachtisch 1 Orange.

Nachmittags:
1 Becher Joghurt (1,5%) mit 200 g Beeren.

Abends:
Salat aus 100 g grünen Bohnen mit 1 Teel. Öl und Kräutern, 2 dickere Scheiben Vollkornbrot (insgesamt 175 g) mit 2 Teel. Butter oder Margarine und 45 g Putenschinken.

Die Mengen sind in unserer Tabelle so genau angegeben, weil die Nährwerte ganz genau berechnet und mit den Empfehlungen der DGE exemplarisch abgeglichen wurden. Sie sollen Ihnen nur eine Mengenvorstellung vermitteln über das, was Sie essen können oder sollten. Auch hier müssen Sie die Kalorien etwas reduzieren, wenn Sie über 25 sind: Zum Beispiel fettreduzierten Käse wählen und auf Halbfettbutter zurückgreifen.
In der Praxis sieht es so aus, daß selten an einem Tag alle Nährstoffe ausreichend zugeführt werden. An einem Tag ist es mehr Folsäure, am anderen mehr Calcium – es gleicht sich bei bewußter Ernährung aus. Schwierig ist die ausreichende Zufuhr von Eisen und Folsäure; sie ist nur bei sehr bewußter Ernährung mit Lebensmitteln zu decken. Ihr Arzt stellt bei der Vorsorge-Untersuchung fest, wenn Sie zusätzliche Präparate brauchen.

ger als je zuvor. Mindestens 1–1 1/2 Liter sollten es pro Tag sein, wenn nicht mehr. Nur wenn der Durst ins Uferlose steigt und Sie morgens schon Ödeme, das heißt, starke Schwellungen an Händen und Beinen haben, sollten Sie mit dem Arzt sprechen.
Das »Was« ist beim Trinken ebenso wichtig wie das »Wieviel«. Abgesehen von dem halben Liter Vollmilch, den Sie trinken sollten, löschen Sie den Durst am besten mit natriumarmem Mineralwasser, kaum gesüßten Kräuter- oder Früchtetees, ungesüßten Fruchtsäften, mit Mineralwasser gemischt, oder auch Buttermilch. Fruchtsaft pur ist relativ kalorienreich – besser essen Sie das Obst am Stück. Limonade und Erfrischungsgetränke enthalten zuviel »leere« Kohlenhydrate.

Koffein und Tee in Maßen

Und wie sieht es mit koffeinhaltigen Getränken aus? Gerade in der Zeit der großen Müdigkeit möbeln sie die Mutter wieder auf. Gegen 2–4 Tassen Kaffee <u>oder</u> 1/4 l Cola <u>oder</u> 4–8 Tassen schwarzen Tee täglich ist nichts einzuwenden. Nur wenn eines zum anderen kommt, wird das Koffein fürs Kind zuviel: Es kann zu Herzrhythmusstörungen kommen. Diese Gefahr ist in den letzten drei Schwangerschaftsmonaten erhöht – die Mutter baut das Koffein jetzt langsamer ab.

Übrigens können auch Medikamente Koffein enthalten – achten Sie darauf.
Nebenbei: Zuviel Schwarztee hemmt die Aufnahme von Eisen – deswegen auch hier Maß halten und mit eisenreichen Lebensmitteln Vitamin C (Orangensaft) zuführen, das erhöht die Aufnahme von Eisen. Und nehmen Sie Ihre Eisenpräparate nicht zum Frühstückstee ein.

Kochen für uns zwei

Ob Ihr Speisezettel den Anforderungen der Schwangerschaft entspricht, hängt von der Auswahl der Nahrungsmittel, ihrer Qualität und ihrer Zubereitung ab. Was Sie bei den letzten beiden Punkten beachten sollten, sage ich Ihnen hier.

Bewußt einkaufen

• Beim Brot als Grundnahrungsmittel sollten Sie keine Kompromisse machen: Kaufen Sie nur bei einem Bäcker, der zuverlässig mit Vollkorn und möglichst auch mit Jodsalz bäckt, oder im Naturkostladen oder Reformhaus. Sie können ruhig größere Mengen besorgen und einfrieren: Darunter leidet die Qualität nicht.
• Das Getreide fürs Müsli und die Kartoffeln sollten aus biologischem Anbau stammen: Kaufen Sie diese Lebensmittel möglichst im Naturkostladen oder Reformhaus. Dort wird das Getreide auf Wunsch auch frisch gemahlen. Ein kleiner Vorrat an Kartoffeln, Getreide, Quinoa, Amaranth und Reis sorgt auch in hektischen Zeiten für eine gesunde Küche.
• Obst und Gemüse sollten möglichst frisch sein. Kaufen Sie mindestens zweimal die Woche Frisches ein. Ideal ist ein Wochenmarkt. In Supermärkten wird meist Dienstag und Freitag frische Ware ausgeliefert: Greifen Sie dann zu. Im Zweifelsfall ist tiefgefrorenes Gemüse der Regalware vorzuziehen: Der Vitamingehalt ist in der Regel höher als bei »frischer« Handelsware, Sie haben mehr Abwechslung, und bestimmte Nährstoffe sind durch das Gefrieren besser verfügbar. Auch in diesem Fall ist eine gewisse Vorratshaltung sinnvoll.
• Milch und Milchprodukte können Sie im Supermarkt kaufen. Verwenden Sie am besten Produkte mit einem Fettgehalt von 1,5 oder 3,5%. Bei Käse sollte der Fettgehalt 40% i.Tr. nicht übersteigen.
• Bei Fetten sollten Sie kaltgepreßte Öle bevorzugen (die dürfen Sie allerdings nicht bei hohen Temperaturen erhitzen), ungehärtete Produkte bei Margarine und Plattenfett (zum Braten). Butter ist unproblematisch. Übrigens: Auf Diätprodukte sollten und können Sie verzichten, wenn Sie sich insgesamt vernünftig ernähren – denn der reduzierte Fett- und Zuckergehalt wird oft durch Zusatz von Konservierungs-, Aroma- und Süßstoffen »ausgeglichen«.

Die besten Garmethoden

Fettarm garen heißt das Gebot nicht nur dieser Stunde. Durch Dünsten in wenig Flüssigkeit, Dämpfen in einem Siebeinsatz, Garen in Folie oder im Römertopf gehen Sie am schonendsten mit Vitaminen und Mineralen um. Wer's würzig mag, kann auch grillen, in einer beschichteten Pfanne in wenig Fett braten oder im Wok.
Ein paar Grundsätze müssen Sie bei allem beachten:
• Alle Lebensmittel nicht zu lange stehenlassen, sonst sinkt der Vitamingehalt in den Keller.
• Möglichst mit Deckel garen, damit nur wenig Flüssigkeit verdunstet.
• Garflüssigkeit immer mitverwenden.
• Gargut nicht zu braun werden lassen.
• Nicht zu lange garen: Gemüse kann gerne noch Biß haben!
• »Wertvolles« Fett möglichst nach dem Garen dazugeben.

Nützliche Hilfen im Haushalt

Profitieren Sie jetzt schon von den Geräten, die Sie für die Babyküche später ohnehin brauchen:
• Mit dem Schnellkochtopf können Sie Vorratsgerichte in größeren Mengen garen, außerdem verkürzt er die Garzeiten von Kartoffeln, Getreide und Gemüse erheblich. Und er läßt sich später zum Sterilisieren der Babyflasche benutzen.

Schnellkochtopf, Pürierstab, Handrührgerät, Küchenmaschine und Flockenpresse sind Haushaltshilfen, die nicht nur nutzlos herumstehen werden, wenn Sie sich ohne großen Aufwand bewußt und gesund ernähren möchten.

- Zumindest ein Pürierstab sollte im Haus sein. Leistungsfähiger sind Mixer oder Küchenmaschine mit Schneidemesser. Damit können Sie pürieren, hacken und Teige rühren.
- Eine Getreidemühle sollten Sie nur anschaffen, wenn Sie sich zur Vollwertküche entschlossen haben und viel backen – ansonsten reicht es, im Geschäft mahlen zu lassen.
- Ein Flocker gehört in jeden Haushalt mit Kindern. Die Handgeräte sind preiswert und ermöglichen es, Flocken aus frischem Getreide herzustellen (siehe Seite 29).
- Eine Tiefkühlmöglichkeit sollten Sie haben: Nur so läßt sich schonende Vorratshaltung von Frischem durchführen. Gerade wer berufstätig ist, kommt kaum ohne aus. Auch wenn das Baby da ist, wird Ihnen diese Vorratsmöglichkeit helfen.
- Ein einfaches Mikrowellengerät zum Auftauen und Aufwärmen kleiner Portionen erleichtert eine gesunde Küche jetzt und später sehr. Außerdem gart es besonders schonend. Beachten Sie dabei bitte die Anweisungen des Herstellers.

Vor dem Kochen zu lesen

Als Erleichterung für Sie haben wir die Rezepte besonders gekennzeichnet, die die knappen, entscheidenden Vitamine und Mineralstoffe reichlich enthalten.

A = Vitamin A
C = Vitamin C
B_1 = Vitamin B_1
B_2 = Vitamin B_2
B_6 = Vitamin B_6
E = Vitamin E
F = Folsäure
Ei = Eisen
Ca = Calcium
Mg = Magnesium
J = Jod
Fl = Fluor

Ihr Kind raucht mit!

Seine Herzfrequenz erhöht sich um 10–15 Schläge pro Minute, wenn Sie zum »Glimmstengel« greifen. Durch das Nikotin steigt sein Blutdruck an, die Durchblutung der Plazenta wird schlechter. Folge: Das Ungeborene wächst langsamer und gedeiht schlechter. Die Zahl der besonders kleinen Neugeborenen (unter 2 500 g) von Raucherinnen ist doppelt so hoch, der plötzliche Kindstod 4–5mal häufiger. Die Anfälligkeit für Allergien und Bronchitis steigt, die Babys werden häufiger mit Kropf geboren. Besonders erschreckend: Raucht die Mutter mehr als 10 Zigaretten pro Tag, erhöht sich das Risiko für das Kind, später an Leukämie oder einer anderen Krebsart zu erkranken um 50%! Übrigens: Auch Passiv-Rauchen der Mutter hat nachweislich ähnliche Folgen! Sorgen Sie deshalb für gute Luft für sich und Ihr Kind – es ist wichtig!

Nicht jede Käsesorte ist jetzt gesund für Sie. Sie sollten auf Rohmilchkäse verzichten und Hartkäse bevorzugen wie Gauda, Gruyère (Greyerzer), Parmesan, Emmentaler; auch Mozzarella ist erlaubt (im Uhrzeigersinn von oben).

Kein Gläschen in Ehren

Etwa 20% aller geistigen Behinderungen von Kindern sind die Folge von Alkoholmißbrauch der Schwangeren. 1–3 von 1000 Neugeborenen sind durch Alkohol geschädigt! Denn die Leber des Ungeborenen kann Alkohol nicht abbauen – sein Blut hat den gleichen Alkoholspiegel wie das seiner Mutter. Körperliche und geistige Minderentwicklung verschiedenen Grades bis zur schweren Behinderung sind die Folge. Das Risiko einer Schädigung ist in den ersten drei Monaten besonders hoch: Dann werden die Organe angelegt. Wer schwanger werden will oder ist, sollte deshalb am besten auf Alkohol verzichten. Fast alkoholfreies Bier und Sekt sowie aromatische Mixgetränke dürften das nicht allzu schwer machen.
Wer dennoch hin und wieder – zum Beispiel bei einer Einladung – schwach wird und sich 1 Gläschen Wein, Bier oder Sekt genehmigt, braucht sich aber noch keine Sorgen zu machen – das bleibt in der Regel ohne nachteilige Folgen.

Die neue Gefahr: Listeriose

Listerien sind weit verbreitete Bakterien. Bei der Schwangeren und ihrem ungeborenen Kind kann eine bestimmte Art dieser Bakterien Erkrankungen auslösen. Bei der Mutter äußert sich die Listeriose meist nur in einem fieberhaften Infekt. Beim Ungeborenen können Knötchen in allen Organen entstehen und sogar das Gehirn befallen. Etwa 40% dieser Babys sterben nach der Geburt, viele sind geistig behindert. Eine rechtzeitige Behandlung mit Antibiotika kann das verhindern.

Die werdende Mutter kann zur Vorsorge beitragen:

- Verzichten Sie auf Rohmilch und Rohmilchkäse: Weichkäse wie Brie und Camembert, auf Käse mit Oberflächenschmiere wie Munster und Romadur, auf halbfesten Schnittkäse wie Butterkäse und Esrom.
- Listerien werden bei 80° zerstört. Die kritischen Käsesorten können Sie also nur essen (nach Entfernung der äußeren Schicht), wenn sie gut durchgegart sind.
- Halten Sie sich an die handelsübliche pasteurisierte Milch und Milchprodukte sowie an Hartkäse (Gouda, Emmentaler, Gruyère, Parmesan, Cheddar, Comté, Manchego und andere), von dem Sie immer die Rinde entfernen müssen.
- Vermeiden Sie rohes Fleisch und Geflügel.
- Kaufen Sie keinen fertig gemischten Salat, sondern putzen Sie ihn lieber selbst.

Toxoplasmose schadet dem Kind

Die Erreger der Toxoplasmose entwickeln sich im Katzendarm und befallen dann andere Tiere. Wir können uns also direkt über Katzen anstecken oder durch das rohe Fleisch von Nutztieren. Das Tückische: Für die Mutter verläuft die Krankheit unbemerkt, beim Baby kann sie Folgen bis zur schweren geistigen Behinderung auslösen. Menschen erkranken nur einmal an Toxoplasmose: Durch einen Bluttest zu Beginn der Schwangerschaft können Sie feststellen, ob Sie bereits immun sind.
Sonst gilt:

- Kein Tatar, Carpaccio, Mett oder Hackepeter essen. Kein halbgares Fleisch (Steak, Entenbrust) essen.
- Gemüse und Salat besonders gut waschen.
- Jetzt keine Katzen anschaffen! Haben Sie bereits eine, sind Sie wahrscheinlich schon immun.

Lebensgefährlich: Gestose

Gestose (Schwangerschaftsvergiftung) ist eine Krankheit, die nur Schwangere befällt. Ihre Ursache ist unklar, eine rechtzeitige Diagnose ist schwierig, die Behandlung umstritten. Grob gesagt: Der Stoffwechsel ist den besonderen Belastungen nicht gewachsen und »entgleist«. Der wäßrige Anteil des Blutes »sickert« ins Gewebe, dadurch wird die Blutmenge geringer, seine Konsistenz dicker. Die Nieren versuchen das auszugleichen, der Blutdruck steigt. Entsprechend können drei Alarmsignale zusammen den Beginn einer Gestose anzeigen:

- Abruptes Anschwellen von Beinen, Füßen und Händen, das auch über Nacht nicht zurückgeht.
- Ein plötzliches Ansteigen des Blutdrucks bis 140/90.
- Eiweiß im Urin.

Die Symptome können auch harmlose Ursachen haben, sicherheitshalber sollte das aber unbedingt der Arzt abklären. Handelt sich es tatsächlich um eine beginnende Gestose, ist der beliebte Reistag (Seite 24) jetzt fehl am Platze – auch wenn Ihr Arzt ihn noch empfiehlt. Nach neuesten Erkenntnissen sollten Sie statt dessen auf eine ausreichende Nährstoffzufuhr achten. Genug Flüssigkeit und Salz, viel Eiweiß und Kohlenhydrate sind gefragt. Ausführliche Informationen gibt die
Arbeitsgemeinschaft
Gestose-Frauen e.V.,
Vogt-von-Belle-Platz 3,
4174 Issum,
Tel. 0 28 35/26 28.

Jetzt ist es noch wichtiger als sonst, Obst und Gemüse besonders gründlich zu waschen.

Ernährungstips für kleine Beschwerden

Mit der richtigen Ernährung können Sie die Schwangerschaft unbeschwerter verbringen und Probleme vermeiden. Genießen Sie diese Zeit bewußt, und gehen Sie gegen die Wehwehchen an: Schwangerschaft ist keine Krankheit!

Blutarmut macht müde

Bleierne Müdigkeit in den ersten Monaten kann mit der Hormonumstellung zusammenhängen. Bis zum 5. Monat sollte sie abklingen.
Ursache für Abgeschlagenheit kann aber auch Blutarmut sein: Die Zahl der roten Blutkörperchen ist so gering oder ihre Funktion so gestört, daß die Zellen und auch das Kind nicht mehr ausreichend mit Sauerstoff versorgt werden. Ihr Gynäkologe stellt routinemäßig bei der Vorsorgeuntersuchung über den Hämoglobinwert fest, ob Sie genug rote Blutkörperchen haben. Liegt er unter 12 g% beziehungsweise 4,2 oder 38%, haben Sie bereits eine Anämie. Wahrscheinlich ist in Ihrer Kost zu wenig Eisen enthalten.
Doch auch andere Substanzen spielen bei der Blutbildung eine Rolle: Die Vitamine B_6, B_{12}, E, Folsäure und die ungesättigten Fettsäuren. Eine mangelhafte Versorgung mit ihnen kann ebenfalls zur Blutarmut führen.

- Achten Sie nicht nur auf eisenhaltige Kost, sondern auch auf Zufuhr der genannten Vitamine (Tabelle Seite 10).
- Strenge Vegetarier oder Makrobiotiker haben meist einen B_{12}-Mangel. Schnell hilft da nur eine Spritze!
- Vergessen Sie nicht den Löffel kaltgepreßtes Öl am Tag – in mehrstündigem Abstand zu einem eventuell verschriebenen Eisenpräparat.
- Ist der Wert zu schlecht, wird der Arzt Ihnen ein Eisenpräparat verschreiben: Der Sauerstoffmangel wäre für das Kind zu gefährlich.

Ist »Pica« ein Signal des Körpers?

»Pica« nennt man den sprichwörtlichen Heißhunger auf bestimmte Speisen, der Schwangere aus »heiterem Himmel« überfällt. Ursache ist die Hormonumstellung, nicht etwa ein echtes Bedürfnis des Körpers. Bei einer insgesamt ausgewogenen Kost können Sie sich kleine Eskapaden erlauben. Doch sollten Schokoladenorgien nicht zum täglichen Ritual werden, denn dann bringen Sie Ihre Nährstoffversorgung aus dem Gleichgewicht.

- Kleine Zwischenmahlzeiten lassen Heißhunger-Gelüste seltener aufkommen.
- Halten Sie immer etwas gesundes Süßes bereit (Seite 56–61) – dann dürfen Sie ungehemmt zuschlagen.
- Halten Sie Rohkost und frisches Obst zum Knabbern bereit.
- Steigern Sie sich nicht in »Pica«-Vorstellungen hinein – auch wenn Ihre Umgebung nur darauf wartet!

Unangenehm: Sodbrennen und Völlegefühl

Lassen Sie die üblichen Medikamente im Schrank: Die helfen Ihnen jetzt nicht weiter. Sodbrennen tritt auf, wenn unter Hormoneinfluß die Pforte zwischen Speiseröhre und Magen schlaff wird und die wachsende Gebärmutter den Magen nach oben drückt: Die scharfen Verdauungssäfte gelangen in die Speiseröhre. Dort entfalten sie ihre ätzende Wirkung.

- Sie können vorbeugen, indem Sie sich magnesiumreich ernähren: Viel Kartoffeln, Vollkorn, Hülsenfrüchte und Kräuter – alles möglichst aus biologischem Anbau.
- Bei akuten Beschwerden hilft oft 1 Teelöffel milder oder süßer Senf oder ein Glas Milch.
- Legen Sie sich nach dem Essen nicht sofort hin: In der Horizontalen ist der Rückfluß der Magensäfte stärker.

Das Völlegefühl hat natürlich auch mit der Leibesfülle zu tun: Das Baby drückt gegen Ende der Schwangerschaft auf den Magen!

- Lassen Sie sich nicht den Appetit verderben: Gerade jetzt brauchen Sie besonders viele Nährstoffe.
- Bevorzugen Sie viele kleine, nährstoffreiche Mahlzeiten: Cremige Suppen oder nährende Getränke sind besonders günstig: Sie passieren den Magen schnell.

Übelkeit darf nicht zu lange dauern

Das berühmt-berüchtigte Unwohlsein vor allem am Morgen zu Beginn der Schwangerschaft ist meist hormonell bedingt. Ursache ist aber auch oft ein Vitamin B_6-Mangel. Sie sollten anhaltende Übelkeit ernst nehmen: Sie kann sich zur völligen Appetitlosigkeit auswachsen oder aber bis zum Erbrechen verstärken. Dadurch entsteht ein Teufelskreis: Das Erbrechen verstärkt die Übelkeit, die Appetitlosigkeit die Schwäche. Ihr Kind wird nicht optimal versorgt.

- Achten Sie auf eine Kost, die viel Vitamin B_1, B_2 und B_6 enthält. Besonders wirkungsvoll: Der B-Drink (Rezept Seite 26) und Hefeflocken helfen.
- Minerale, die der Körper durchs Erbrechen verliert, müssen ersetzt werden: Bouillon oder Schwarztee mit Traubenzucker und etwas Salz ersetzen den Salzverlust. Kartoffeln, Vollkorn und Obst sorgen für Kalium und Magnesium.
- Essen Sie vor dem Zubettgehen eine Kleinigkeit wie Vollkorngebäck, Milchprodukte oder Nüsse. Ihr Blutzuckerspiegel sinkt dann bis zum Morgen nicht so stark ab – das bessert auch die Müdigkeit.
- Stehen Sie morgens nicht zu schnell auf. Vielleicht können Sie im Bett frühstücken; jedenfalls sollten Sie gleich eine Kleinigkeit zu sich nehmen. Essen Sie tagsüber alle 2–3 Stunden einen Snack.
- Lassen Sie, wenn möglich, die Mahlzeiten von anderen zubereiten: Der Umgang mit Lebensmitteln verschlägt oft völlig den Appetit.

Durchfall kann gefährlich werden

- Sollten Sie nur eine Magenverstimmung oder Infektion haben, hilft am besten einige Stunden Fasten. Trinken Sie viel dünnen, schwarzen Tee mit Traubenzucker und etwas Salz. Auch Fencheltee oder Cola (in Maßen) sind günstig. Halten Sie eine Schonkost mit Hafer- oder Reisschleim ein. Vertragen Sie das, gehen Sie auf Bananen, geriebenen Apfel, Zwieback, Salzstangen und Püree aus frischen Pellkartoffeln (ohne Milch und Fett) über. Danach bei fetten Speisen aufpassen.
- Kehrt der Durchfall ab und zu wieder, ohne anzudauern, können ein Mangel an B-Vitaminen oder psychische Probleme die Ursache sein. Reichern Sie Ihre Speisen mit Nährhefe (Naturkostladen oder Reformhaus) an, trinken Sie täglich den B-Drink (Rezept Seite 26), essen Sie Flockenmüsli (Rezept Seite 29).
- Verwenden Sie vorübergehend nur fein vermahlenes Vollkornmehl. Auf Rohkost und Frischkorn jetzt verzichten.
- Zucker verstärkt bestehenden Durchfall.
- Scharfe Gewürze reizen.
- Bei anhaltendem Durchfall in jedem Fall zum Arzt gehen – es kann eine ernsthafte Erkrankung wie Salmonellen dahinter stekken. Und auf die Dauer nimmt Ihr Körper zu wenig wertvolle Nährstoffe auf.

Besonders viele Vitamine der B-Gruppe sind in Hefeflocken oder Nährhefe enthalten. Trinken Sie täglich den B-Drink (Seite 26).

Noch mehr Unruhe im Bauch: Blähungen

Blähungen sind jetzt besonders unangenehm. Sie entstehen durch Gärprozesse im Dickdarm.

- Essen Sie Vollkorn nie zusammen mit Zucker.
- Haben Sie sich bisher ballaststoffarm ernährt, kann eine plötzliche Umstellung Blähungen auslösen. Beginnen Sie lieber langsam mit Bioghurt und sorgen Sie für eine gute Versorgung mit B-Vitaminen. Erst nach und nach ballaststoffreiche Lebensmittel einführen.

Darmträgheit läßt sich bekämpfen

Harter Stuhlgang hat jetzt vor allem hormonelle Ursachen, doch auch die eingeschränkte Bewegungsfähigkeit des Darms spielt eine Rolle. Er wird träge und transportiert die Speisen nicht mehr so zügig weiter. Außerdem wirken Eisentabletten, die Sie eventuell jetzt nehmen, stopfend. Verzichten Sie auf Abführmittel und erst recht auf Klistiere! Sie schaffen nur vorübergehend Erleichterung und werden zur Gewohnheit. Folge ist der Verlust wichtiger Nährstoffe und Reizung des Dickdarms.

- Ernähren Sie sich konsequent ballaststoffreich: Das regt die Darmbewegung an und sorgt für schnellen Abtransport der Abbauprodukte. Dabei nicht vergessen, ausreichend zu trinken!

Hier noch einige Extra-Tips:

- 1 Glas Wasser morgens vor dem Essen trinken.
- Einige Trockenpflaumen oder 1 Glas Pflaumensaft auf nüchternen Magen hilft bestimmt.
- Mindestens einmal pro Tag Müsli oder Grütze, außerdem nur Vollkornbrot essen.
- Müsliriegel enthalten mehr Zucker als Ballaststoffe. Besser: Kleiedragees aus der Apotheke.
- Spazierengehen, Schwimmen und Gymnastik sind bis zur Entbindung erlaubt und halten den Kreislauf und die Verdauung auf Trab.
- Vermeiden Sie alles, was stopft: Süßigkeiten, Schokolade, Feingebäck, schwarzen Tee und Rotwein.

Was tun gegen Hämorrhoiden?

Das sind kleine Blutsäckchen, die durch den Druck des harten Stuhls und die verstärkte Durchblutung des Unterleibs aus den Darmvenen hervortreten. Befinden sie sich innerhalb des Darms, bemerken wir sie meist nicht. Treten sie aber am Darmausgang hervor, kann das vor allem beim Sitzen sehr unangenehm werden.

- Viel Vitamin B_6, C und Zink in der Nahrung wirken sich positiv aus.
- Salbenpackungen aus Zinksalbe und Heparincreme (in der Apotheke bestellen) helfen, die Hämorrhoiden abzubauen.
- Sehr wirkungsvoll sind auch Sitzbäder in einem Sud aus Eichenrinde aus der Apotheke.

Reich an Ballaststoffen sind zum Beispiel Vollkornprodukte, frisches Gemüse und Trockenobst.

Überhöhter Blutdruck kann gefährlich sein

Steigt Ihr Blutdruck innerhalb weniger Tage sprunghaft an, begleitet von Kopfschmerzen, Schwindelgefühl und Ohrensausen, kann das eine beginnende Gestose (Seite 17) anzeigen: Gehen Sie sofort zum Arzt. Wenn Sie allgemein unter hohem Blutdruck leiden und er nur leicht angestiegen ist, helfen folgende Tips:

- Essen Sie salzarm, bevorzugen Sie salzarmen Aufschnitt und Käse – kein pikantes Knabbergebäck!
- Streichen Sie anregende Getränke wie Kaffee und Schwarztee. Besser: koffeinfreier Kaffee und Kräutertee.
- Essen Sie fettarm und versuchen Sie, sich an die Gewichtsempfehlungen zu halten: Übergewicht führt oft zu erhöhtem Blutdruck.
- Vermeiden Sie Hektik und Aufregung: Entspannungsübungen, beruhigende Musik, ein regelmäßiger Lebensrhythmus mit ausreichenden Ruhephasen sind jetzt besonders wichtig.

Zu niedriger Blutdruck schadet dem Kind

Junge, schlanke Frauen haben oft einen zu niedrigen Blutdruck – das verstärkt sich in der

Schwangerschaft. Die Mütter macht's nur müde, aber dem Kind kann es schaden: Durch den niedrigen Blutdruck werden nicht mehr ausreichend Nährstoffe und Sauerstoff durch die Plazenta zum Kind transportiert. Es kann zu Wachstumsverzögerungen kommen, die Gefahr einer Frühgeburt zunehmen.

- Beginnen Sie den Tag mit 1 Tasse Kaffee oder 2 Tassen Schwarztee: Das Koffein regt den Kreislauf an (siehe Seite 13). Mit Milch wirds bekömmlicher.
- Nehmen Sie viele kleine, ballaststoffreiche Mahlzeiten zu sich – das läßt den Blutdruck zwischendurch nicht in den Keller sinken.
- Salzen Sie eher kräftig.
- Sind Sie schlank, sollten Sie sich an die oberen Empfehlungen für die Zunahme halten.
- Treiben Sie leichten Sport, bleiben Sie in Bewegung: Wenn Sie zu viel liegen, sitzen und sich schonen, sinkt der Blutdruck weiter ab!

Schonen Sie Ihr Gebiß!

Während der Schwangerschaft enthält der Mundspeichel mehr Säure, die Schleimhaut ist weicher und stärker durchblutet. Beides verstärkt die Gefahr von Karies und Paradontose. Calcium- und Fluorverluste durch den Bedarf des Babys haben eher langfristig eine negative Wirkung auf den Zahnschmelz.

- Putzen Sie nach jeder Mahlzeit Ihre Zähne, und verwenden Sie einmal wöchentlich Fluorgelee (Apotheke). Die kleinen Fluormengen, die Sie verschlucken, helfen Ihren Bedarf decken.
- Essen Sie 1–2mal die Woche Seefisch.
- Vitamin C sorgt für gesundes Zahnfleisch.
- Weniger Zucker und Süßigkeiten essen, denn sie fördern die schädliche Säurebildung.

Wenn Sie zuviel Wasser einlagern

Wenn die Gewichtszunahme sehr schnell vor sich geht und auch morgens die Knöchel geschwollen sind, kann dies eine beginnende Gestose anzeigen (siehe Seite 17): Dann ab zum Arzt. Doch eine gewisse Einlagerung von Flüssigkeit (Ödematisierung) ist ganz natürlich – vor allem, wenn Sie viel sitzen, sowie gegen Ende der Schwangerschaft. Das kann zu lästigen Spannungsgefühlen in den Beinen führen, und vielleicht stört es Sie auch einfach aus optischen Gründen. Sie können diese Ödematisierung in Grenzen halten:

- Legen Sie so oft wie möglich Ihre Beine hoch – selbst im Bett sollten Sie einen Fußkeil unterlegen.
- Kneippsche Wechselduschen wirken sich günstig aus und tun gut.
- Legen Sie einen salzarmen Entlastungstag sein (siehe Seite 24) – aber höchstens 1–2mal pro Monat!
- Essen Sie viel Obst und ausreichend Eiweiß.
- Radeln und laufen Sie, so lange es geht.

Auch »danach« keine Krampfadern

Jetzt entstehen Krampfadern besonders leicht: Der Uterus ist sehr stark durchblutet und drückt auf den Unterleib, die Blutmenge ist um 1 1/2 l erhöht – die Venen sind also sehr belastet. Wenn die Wände der Adern dem erhöhten Druck nicht mehr standhalten, bilden sich Krampfadern. Beugen Sie vom 1. Monat an vor:

- Tägliche Wechselduschen für die Beine, viel Schwimmen und Spazierengehen sorgen für eine gute Blutzirkulation.
- Entlasten Sie Ihre Beine so oft wie möglich: also hochlegen! Es gibt auch spezielle gymnastische Übungen.
- Wer viel steht, sollte Stützstrumpfhosen tragen. Zeigen sich erste Anzeichen für Krampfadern (das sehen Sie von oben am besten), sofort vom Arzt medizinische Stützstrümpfe verschreiben lassen und eisern tragen – auch im Hochsommer!
- Nicht zuviel zunehmen: Das belastet die Venen zusätzlich.
- Sorgen Sie für gute und regelmäßige Verdauung.
- Ausreichende Zufuhr von Vitamin E und mehrfach ungesättigten Fettsäuren (kaltgepreßtes Weizenkeimöl) schützt die roten Blutkörperchen und beugt der Entstehung von Blutgerinnseln vor. Sie vermeiden zudem Ablagerungen an den Aderwänden.
- Vitamin C stärkt die Zellwände.

Haarausfall ist jetzt nicht normal

Während der Schwangerschaft ist Ihr Haar besonders üppig und schön. Gehen sie Ihnen aber aus, kann's an einem Nährstoffmangel liegen.

- Ihre Nahrung sollte viel Eiweiß, Calcium, Phosphat und Fluor enthalten.
- Biotinmangel schlägt auf die Haare. Trockenhefe, Keimlinge, Hirse und Blumenkohl sind hier günstig.

Schwangerschaftsstreifen vermeiden

Wenn die Haut durch eine schnelle Gewichtszunahme stark gedehnt wird, kann das Bindegewebe reißen: Es bilden sich zunächst feine, rote Längsstreifen, die nach dem Vernarben weiß werden (und nur noch für Eingeweihte kenntlich sind...). In der Schwangerschaft ist diese Gefahr an Bauch, Hüften und Busen besonders groß.

- Die wichtigste Vorsichtsmaßnahme: Nicht zu plötzlich, sondern kontinuierlich zunehmen und vor allem: nicht viel zu viel.
- Vitamin C macht die Haut elastisch, Beta-Karotin, Vitamin E und Eiweiß sorgen für Zellerneuerung. Alle diese Vitamine schützen die Haut zusätzlich vor schädlichen Einflüssen. Aber nur, wenn sie ausreichend mit der Nahrung aufgenommen werden!
- Von außen können Sie den Flüssigkeitsgehalt der Haut positiv beeinflussen: Cremen Sie täglich die gefährdeten Körperpartien mit einem guten Hautöl ein.
- Greifen Sie nicht zur Massagebürste: Das strapaziert Ihre Haut so, daß sie erst recht reißt!

Und die Schwangerschaftsflecken?

Sie sind meist hormonell bedingt und verschwinden nach der Entbindung spurlos. Sie können aber auch ein Zeichen von Folsäuremangel sein.

- Trinken Sie täglich 1 Glas frischgepreßten Orangensaft, essen Sie viel Rohkost – dann müßten die Flecken verblassen.

Wadenkrämpfe sind ein Warnzeichen!

Sie zeigen oft einen Magnesium-Mangel an, und der kann weit unangenehmere Folgen haben: Von Fehl- und Frühgeburt bis zu Entwicklungsstörungen des Kindes.
Unsere Böden sind durch Intensivbewirtschaftung arm an Magnesium. Bevorzugen Sie deshalb Produkte aus dem kontrolliert-biologischen Anbau (zum Beispiel von Bioland, Demeter, Naturland).

- Essen Sie pro Tag mindestens 1 Banane und einmal Kartoffeln. Pflücken Sie im Frühjahr Wildgemüse wie Sauerampfer, Löwenzahn und Brennessel. Kochen Sie mit Kräutern.
- Gehen die Krämpfe nicht zurück, lassen Sie sich ein Magnesiumpräparat verschreiben. Übrigens: Calcium allein hilft gegen Krämpfe ohne ausreichend Magnesium nicht.

Untergewicht ist gefährlich

Ziehen Sie von Ihrer Körpergröße 100 cm ab. Die cm, die übrigbleiben, sind der Wert für das Normalgewicht (Broca). Noch einmal minus 15% ergibt das Idealgewicht. Bringen Sie weniger Kilos auf die Waage, sind Sie untergewichtig und gehören damit zur Risikogruppe. Denn untergewichtige Frauen leiden wegen der relativ geringen Nährstoffzufuhr häufig unter Nährstoffmangel. Dieser verschlechtert sich während der Schwangerschaft und kann die Entwicklung des Babys beeinträchtigen – wenn Sie in den nächsten Monaten nicht kräftig zunehmen: nämlich mindestens 15 kg – und zwar vom 1. Monat an. Bisher galt die Sorge der Ärzte eher den Übergewichtigen, doch heute gilt das Risiko der Überschlanken als größer: Nicht nur Früh- und Fehlgeburten, auch die Entstehung einer Gestose (Seite 17) wird durch Untergewicht begünstigt. Lassen Sie sich von der Gewichtskurve mit der Maximalzunahme von 11–13 kg nicht schrecken: Untersuchungen ergaben, daß Mütter, die während der neun Monate erheblich zunahmen, nach der Entbindung schneller und leichter abnahmen als Mütter, die nur wenig zulegten. Lassen Sie sich also nicht in das Schema der Superfrau pressen, an der Schwangerschaft und

Geburt spurlos vorübergehen: Nur ausreichende, gesunde Ernährung nimmt Ihrer Schwangerschaft das Risiko, läßt Sie ein gesundes Kind zur Welt bringen und erhält langfristig Ihre Leistungsfähigkeit und Schönheit.

... aber Übergewicht auch!

Wenn Sie vor Beginn der Schwangerschaft mehr als 20% über dem Broca Normalgewicht (siehe oben) liegen, sind Sie übergewichtig. Und damit anfällig für Bluthochdruck, Diabetes, Krampfadern und Nierenerkrankungen. Auch die Gefahr der Gestose ist erhöht. Mit anderen Worten: Medizinisch werden Sie als Risikoschwangere eingestuft. Versuchen Sie eher weniger, nämlich nur 8–9 kg, zuzunehmen. Machen Sie aber keinesfalls eine Diät: Das gefährdet die Versorgung des Babys.

- Halten Sie sich an die Kalorienempfehlungen (Seite 7), die Sie mit Hilfe unserer Rezepte kontrollieren können.
- Streichen Sie Süßigkeiten und süße Getränke. Essen Sie statt dessen Obst oder unsere leichten Süßspeisen, trinken Sie Mineralwasser.
- Essen Sie nur Vollkornbrot.
- Lenken Sie sich vom Essen ab: Nähen Sie etwas fürs Baby, richten Sie schon das Zimmer ein…
- Streichen Sie den Satz: »Nun ist es auch egal« aus Ihrem Hinterkopf!

Vor der Klinik noch mal spachteln?

Gerade beim ersten Kind vergeht zwischen erster Wehe und der letzten Entbindungsphase viel Zeit. Was dürfen und sollen Sie essen?

- Sind Sie noch zu Hause und haben Hunger, sollten Sie unbedingt essen, damit der Blutzuckerspiegel nicht in den Keller fällt. Im Krankenhaus bekommen Sie nichts mehr, weil ein voller Magen ein Operationsrisiko ist und ein Kaiserschnitt nie völlig ausgeschlossen werden kann. Halten Sie sich an leichtverdauliche, energiereiche Speisen: B-Drink (Seite 26), Müsli (Seite 28 und 29) oder Vollkornbrot und -kekse sind besonders günstig.
- Trinken Sie ausreichend: Im Kreißsaal gibt's nichts mehr –

Durchschnittlicher Verlauf und Art der mütterlichen Gewichtszunahme während der Schwangerschaft

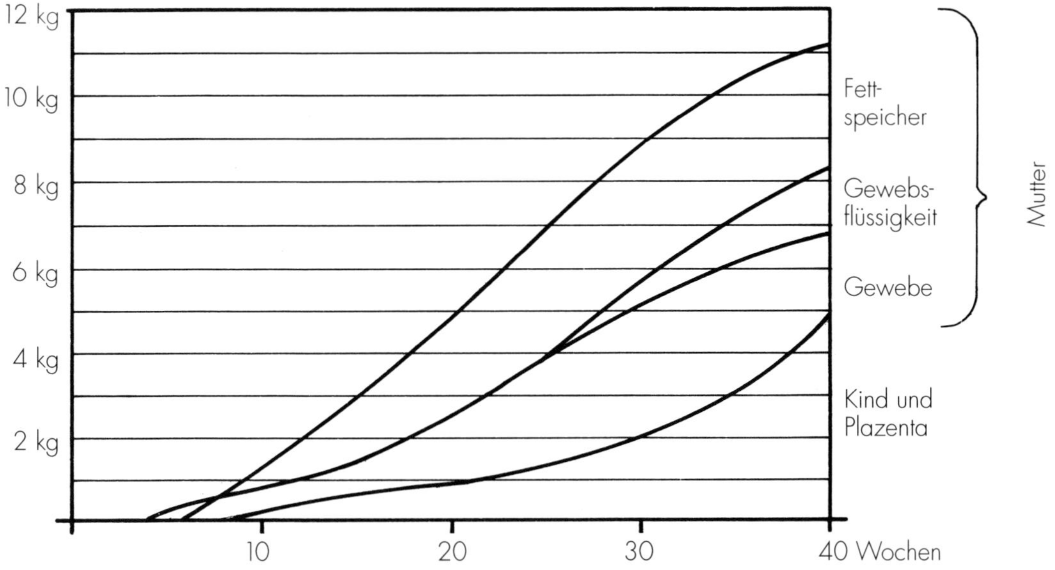

das ist oft unangenehm. Also: Vor der Fahrt in die Klinik ausreichend trinken.

• Nehmen Sie einen Waschlappen mit in den Kreißsaal: Ihr Mann kann ihn immer wieder naß machen und Sie abwischen, das erfrischt zwischen den Wehen. Vielleicht gibt's auch Eiswürfel zum Kühlen.

• Nehmen Sie (außer Kaffee in der Thermoskanne) Butterbrote für den Vater und Obst, Müsliriegel oder Nüsse mit: Nachts gibt es nichts zu essen. Nach der Entbindung haben Sie vielleicht auch Appetit und möchten nicht bis zur nächsten Mahlzeit warten...

Entlastungstage

Ganz klar: Jetzt sollten Sie keinesfalls eine Diät machen. Aber wenn Sie nach einem langen Tag verdickte Knöchel und schwere Beine haben, können Sie Ihren Körper trotzdem dabei unterstützen, die eingelagerte Flüssigkeit wieder auszuscheiden.
Mehr als 1–2mal pro Monat sollten Sie keinesfalls »entschlakken«. Und nur, wenn es wirklich Ihr Wohlbefinden erhöht. Tabu sind Entlastungstage bei Untergewicht oder Gestose.
Wichtig: Halten Sie sich unbedingt an die empfohlenen Mengen, essen Sie keinesfalls weniger. Verzichten Sie auf Salz und Würzsaucen, auf schwarzen Kaffee und Tee, auf Zucker und süße Getränke. Trinken Sie nach Durst Kräutertees und Mineralwasser – und mindestens 1 Liter. Hungern dürfen Sie keinesfalls!

Reistag

Dabei nehmen Sie viel entwässerndes Kalium, Vitamine, Ballaststoffe und Kohlenhydrate zu sich, aber kaum Calcium. Sie bekommen pro Reistag etwa 1850 Kalorien. Das entspricht nicht ganz Ihrem Tagesbedarf, läßt aber keine Unterversorgung aufkommen.

Zutaten für 1 Person und 1 Tag:
400 g Naturreis
800 ml Wasser
2 Eßl. Weizenkeimöl
2 Äpfel
1 Prise Zimtpulver
6 Eßl. Orangensaft, frisch gepreßt
200 g Broccoli
200 g Möhren
1 Eßl. Petersilie, frisch gehackt
200 g Tomaten
2 Eßl. Schnittlauchröllchen
2 Bananen

1. Am Vortag den Reis erhitzen, mit dem Wasser angießen, aufkochen und bei schwacher Hitze ausquellen lassen. Das Öl untermischen.

2. Zum Frühstück die Äpfel waschen, trockenreiben und grob raspeln. Mit einem Viertel der Reismenge vermischen, mit dem Zimt und dem Orangensaft abschmecken.

3. Zum Mittagessen den Broccoli und die Möhren waschen und putzen oder schälen, in kleine Stücke teilen. In 6 Eßlöffeln Wasser gar dünsten, die Hälfte Reis unterziehen und erhitzen. Mit der Petersilie abschmecken.

4. Zum Abendessen die Tomaten waschen, trockenreiben, würfeln und dabei die grünen Stielansätze entfernen. Mit dem restlichen Reis und dem Schnittlauch vermischen.

5. Zwischendurch dürfen Sie die beiden Bananen essen.

Quark-Rohkost-Tag

Er liefert viel Eiweiß, Calcium, Vitamine und Ballaststoffe, aber eher wenig Kohlenhydrate. Auch er dient zum Entschlakken, ist aber sättigender als der Reistag.

Zutaten für 1 Person und 1 Tag:
1 kg Magerquark
1 Eßl. Weizenkeimöl
1 Banane
600 g neue Kartoffeln
1 Salatgurke
1 Frühlingszwiebel
1 Eßl. Dill, frisch gehackt
1 Prise Pfeffer, frisch gemahlen
300 g junge Möhren
1 Eßl. Petersilie, frisch gehackt
1 Orange
300 g Weintrauben

1. Den Quark mit dem Öl mischen.

2. Zum Frühstück die Banane schälen und mit 250 g Quark pürieren oder kleinschneiden und mischen.

3. Zum Mittagessen die Kartoffeln waschen und in wenig Wasser kochen. Die Gurke waschen, schälen und grob raspeln. Die Frühlingszwiebel putzen und in dünne Ringe schneiden. Die Gurke, die Zwiebel, den Dill und den Pfeffer mit 300 g Quark verrühren, zu 400 g Pellkartoffeln reichen.

4. Zum Abendbrot die Möhren waschen, schälen und fein raspeln, mit 300 g Quark und der Petersilie mischen. 200 g Pellkartoffeln in einer beschichteten Pfanne mit ganz wenig Fett aufbacken, dazu essen.

5. Zwischendurch die Orange schälen, in Stückchen schneiden und mit 150 g Quark vermischen. Die Weintrauben zwischendurch naschen.

> **Tip!**
> Wenn der Quark zu fest ist, mit Mineralwasser cremig rühren.

Oben sind zwei Rezepte zum Reistag abgebildet, unten Mittag- und Abendessen aus dem Quark-Rohkost-Tag.

Kaltgerührte Konfitüre

<C>

Zutaten für etwa 450 ml:
4 reife Feigen
200 g Erdbeeren
1 Prise Kardamom
150 g Honig
1 Packung Gelierpulver für kaltgerührte Konfitüren

Schnell

Insgesamt etwa:
2800 kJ/670 kcal
4 g Eiweiß · 2 g Fett
160 g Kohlenydrate

- Zubereitungszeit: etwa 15 Minuten

1. Die Feigen halbieren, das Fleisch aus der Schale kratzen, abwiegen und mit den gewaschenen und geputzten Beeren auf 450 g auffüllen.

2. Das Kardamom, den Honig und das Gelierpulver dazugeben und etwa 2 Minuten mit dem Mixer oder den Quirlen des Handrührgeräts rühren. In saubere Gläser abfüllen und im Kühlschrank aufbewahren. Die Konfitüre ist im Kühlschrank 1 Woche haltbar, im Tiefkühlgerät bis zu 4 Monate.

Fruchtaufstrich mit Honig

Zutaten für etwa 650 ml:
250 g Erdbeeren
250 g Himbeeren
2 Nektarinen
250 g fester Honig
1 Packung Konfigel (15 g; Naturkostladen)

Ballaststoffreich

Insgesamt etwa:
4800 kJ/1100 kcal
9 g Eiweiß · 2 g Fett
270 g Kohlenhydrate

- Zubereitungszeit: etwa 30 Minuten

1. Die Beeren waschen und putzen. Die Erdbeeren halbieren oder vierteln. Die Nektarinen waschen, abreiben, halbieren, entsteinen und kleinschneiden.

2. Die Früchte mit dem Honig und dem Konfigel in einem großen Topf unter Rühren langsam aufkochen und etwa 3 Minuten sprudelnd kochen lassen. Auf einem gekühlten Teller die Gelierprobe machen.

3. Die Konfitüre in saubere Twist-Off-Gläser füllen, auf den Kopf stellen und abkühlen lassen. Im Kühlschrank 1 Woche haltbar.

Tip!
Wenn der Aufstrich zu »stückig« ist, pürieren Sie ihn nach dem Kochen kurz.

B-Drink

(B1) (B6) (F) <Mg>

Dieser Milchmix enthält alle Nährstoffe, die gegen Übelkeit helfen. Trinken Sie ihn als Frühstück; er hat so viele Kalorien wie eine Mahlzeit.

Zutaten für 1 Glas:
4 ungeschwefelte, getrocknete Aprikosen
1/4 l Milch (1,5% Fett)
1 Banane
1 Orange
1 Eßl. Nährhefe

Gegen Übelkeit

Etwa: 2100 kJ/500 kcal
24 g Eiweiß · 6 g Fett
92 g Kohlenhydrate

- Quellzeit: 2 Stunden
- Zubereitungszeit: etwa 10 Minuten

1. Die Aprikosen klein würfeln, mit der Milch übergießen und etwa 2 Stunden kühl stellen.

2. Die Banane und die Orange schälen, in große Stücke teilen.

3. Das Obst mit der Milch, den Aprikosen und der Hefe im Mixer fein pürieren. Frisch trinken.

Im Bild vorne: Fruchtaufstrich mit Honig
Im Bild Mitte: B-Drink
Im Bild hinten: Kaltgerührte Konfitüre

Frischkorn-müsli

B1 B2 B6 F Ca

Es ist zweifellos das gesündeste Frühstück, das Sie zu sich nehmen können. Das Getreide wird bei dieser Zubereitungsform nicht erhitzt – so kommen Ihnen die wertvollen Inhaltsstoffe voll zugute. Gerade in der Schwangerschaft ist eine ausreichende Zufuhr von B-Vitaminen sehr wichtig.
Sollten Sie das Frischkornmüsli nicht vertragen, weil Sie Vollkornkost nicht gewohnt sind, können Sie es einmal kurz aufkochen und dann kalt oder warm essen. Oder mit dem Flockenmüsli »trainieren«, das ist leichter verdaulich.

Zutaten für 1 Person:

- *2 leicht gehäufte Eßl. 6-Korn-Getreide*
- *3 ungeschwefelte, getrocknete Aprikosen*
- *1/4 l Milch*
- *1 süßer Apfel*
- *1 Eßl. Hefeflocken*
- *1 Teel. Ahornsirup oder Apfeldicksaft*

Muß vorbereitet werden

Etwa: 2100 kJ/500 kcal
23 g Eiweiß · 13 g Fett
74 g Kohlenhydrate

- Quellzeit: über Nacht
- Zubereitungszeit: etwa 10 Minuten

1. Am Vorabend das 6-Korn-Getreide in der Getreidemühle grob schroten. Wenn Sie keine Mühle besitzen, kaufen Sie das Getreide bereits geschrotet.

2. Die Aprikosen waschen und in kleine Würfel schneiden.

3. Die Aprikosen mit dem Schrot und 5 Eßlöffeln Wasser in einem Schälchen mischen. Dieses abdecken und über Nacht in den Kühlschrank stellen.

4. Am nächsten Morgen die Milch dazugeben. Den Apfel waschen, abtrocknen, auf einer Reibe grob raspeln und mit der Hefe unter das Müsli ziehen. Das Müsli mit dem Ahornsirup oder Dicksaft abschmecken.

Flockenmüsli

E B1 B2 B6 F Ca

Es gibt nur ein Gericht, das genau so gesund ist wie das Frischkornmüsli: Das Flockenmüsli aus frisch gepreßten Flocken. Die handelsüblichen Flocken wurden alle erhitzt, um sie haltbar zu machen. Wenn Sie die Flocken selbst herstellen und frisch verzehren, ist das Getreide roh, und das Müsli hat folglich die gleichen Vorteile wie das Frischkornmüsli. Flocken Sie für das folgende Müsli nur soviel, wie Sie gerade brauchen.

Zutaten für 1 Person:
2 Eßl. Hafer
1 kleine Banane
4 frische Datteln
1 Eßl. Weizenkeime
1 Eßl. Sonnenblumenkerne
1 Eßl. Hefeflocken
1 Teel. Honig
200 g Kefir

Schnell

Etwa: 2640 kJ/630 kcal
20 g Eiweiß · 17 g Fett
93 g Kohlenhydrate

- Zubereitungszeit: etwa 15 Minuten

1. Den Hafer durch die Flockenpresse lassen.

2. Die Banane schälen, der Länge nach halbieren und in Scheiben schneiden. Von den Datteln die eventuell vorhandenen harten Schalenstücke und Stielansätze entfernen. Die Früchte in kleine Würfel schneiden.

3. Die Bananenstücke, die Dattelwürfel, die Weizenkeime, die Haferflocken und die Sonnenblumenkerne in einem Schälchen mischen.

4. Die Hefeflocken und den Honig mit dem Kefir glattrühren. Diese Masse über das Müsli gießen und etwa 5 Minuten ziehen lassen.

Mango-Quarkspeise

A F B1 B2 B6 Ca

Mango ist so süß, daß Sie auf Zucker verzichten können. Statt dessen können Sie auch Banane oder Sharon-Frucht verwenden.

Zutaten für 1 Person:
1/2 reife Mango
200 g Magerquark
1 Eßl. Hefeflocken
1 Eßl. Weizenkeime
2 Eßl. Sahne
1 Eßl. Sesamsamen

Schnell

Etwa: 1700 kJ/400 kcal
38 g Eiweiß · 14 g Fett
34 g Kohlenhydrate

- Zubereitungszeit: etwa 15 Minuten

1. Die Mango mit einem Kartoffelschäler schälen. Das Fleisch in Spalten vom Kern schneiden. Drei schöne, schmale Spalten zur Garnitur beiseite legen.

2. Das Mangofleisch pürieren und mit dem Quark verrühren. Die Hefeflocken und Weizenkeime unterziehen.

3. Die Sahne steif schlagen und unter die Quarkspeise ziehen. Mit den Mangospalten garnieren.

4. Den Sesam in einer Pfanne ohne Fett rösten, über den Quark streuen und die Speise servieren.

Hirsegrütze

Ei B2 Ca

Hirse enthält neben Eisen und Fluor auch viel Kieselsäure: besonders gut für Zähne, Haut und Haar. Sie können zur Abwechslung die Hirse auch keimen lassen und verwenden.

Zutaten für 1 Person:
120 g Erdbeeren
1 Teel. Ahornsirup
1 Teel. Agar-Agar (Naturkostladen)
1 Stückchen Vanilleschote
200 ml Milch
50 g Hirse
50 g Sahne
2 Eßl. flüssiger Honig
einige Blättchen frische Minze

Braucht etwas Zeit

Etwa: 2600 kJ/620 kcal
14 g Eiweiß · 25 g Fett
88 g Kohlenhydrate

- Zubereitungszeit: etwa 3 1/4 Stunden (davon 3 Stunden Kühlzeit)

1. Die Erdbeeren abbrausen, gut abtropfen lassen und putzen. Pürieren, mit dem Ahornsirup süßen.

2. Das Erdbeerpüree mit dem Agar-Agar verrühren, erhitzen und etwa 5 Minuten köcheln lassen.

3. Eine Tasse kalt ausspülen. Die Erdbeermasse hineingießen und mindestens 3 Stunden kalt stellen.

4. Einen Topf kalt ausspülen. Die Vanilleschote aufschlitzen und mit der Milch zum Kochen bringen. Die Hirse heiß abbrausen, einstreuen und bei schwacher Hitze in etwa 45 Minuten garen. Vom Herd ziehen, abkühlen und ausquellen lassen.

5. Die Hirse pürieren. Die Sahne steif schlagen und mit dem Honig unterziehen. Die Hirse-Vanille-Creme auf einen Teller geben. Den Erdbeer-Pudding in die Mitte stürzen, mit Minzeblättchen garnieren.

Tip!

Wenn Ihnen der Pudding zu lange dauert, ziehen Sie die geputzen Erdbeeren einfach roh unter den Hirseschaum.

Im Bild vorne: Hirsegrütze
Im Bild hinten: Mango-Quarkspeise

Frühlings-Rohkost

F C F Fi

Zutaten für 1 Person:
100 g Zuckerschoten
100 ml Gemüsebrühe
150 g weißer Spargel
einige Blätter Eichblattsalat
1 Eßl. Honigessig
(ersatzweise Balsamessig)
1 Teel. Distelöl, kaltgepreßt
1 Teel. körniger Senf
Jodsalz · Pfeffer, frisch gemahlen
100 g Rinderfilet
1 Teel. ungehärtete Margarine
1 hartgekochtes Ei
1/2 Bund Schnittlauch in Röllchen

Ballaststoffreich

Etwa: 1220 kJ/290 kcal
19 g Eiweiß · 21 g Fett
8 g Kohlenhydrate

- Zubereitungszeit: etwa 30 Minuten

1. Die Zuckerschoten waschen und putzen. In der Brühe etwa 15 Minuten garen, abtropfen lassen. Etwas Brühe aufheben. Den Spargel waschen und schälen, holzige Enden abschneiden. In etwa 1/2 cm dicke Scheiben schneiden.

2. Den Salat abbrausen, auf einem Teller ausbreiten. Den Essig, das Öl und den Senf gut verschlagen, mit 3–4 Eßlöffeln Gemüsebrühe vermischen und mit den Gewürzen abschmecken. Mit dem Gemüse mischen, auf den Teller geben.

3. Das Fleisch würfeln, im heißen Fett rundherum 3–4 Minuten braten, salzen und pfeffern. Mit dem Ei und dem Schnittlauch auf dem Salat anrichten.

Winter-Rohkost

C E F

Zutaten für 1 Person:
1 kleiner Eisbergsalat (etwa 200 g)
2 Orangen
1 Eßl. Rosinen
1 Kiwi
1 Teel. Kürbiskernöl
1 Eßl. saure Sahne (20% Fett)
Jodsalz · Pfeffer, frisch gemahlen
1 Bund Schnittlauch in Röllchen
1 Eßl. Sonnenblumenkerne

Ballaststoffreich

Etwa: 1700 kJ/400 kcal
9 g Eiweiß · 18 g Fett
51 g Kohlenhydrate

- Zubereitungszeit: etwa 25 Minuten

1. Den Salat waschen und in Streifen schneiden. 1 Orange auspressen, die Rosinen im Saft einweichen. Die zweite Orange schälen und filetieren. Die Kiwi schälen und in Scheiben schneiden. Den Salat mit dem Obst mischen.

2. Die Rosinen abtropfen lassen, den Saft dabei auffangen. Den Saft mit dem Öl und der sauren Sahne verquirlen. Mit Salz und Pfeffer abschmecken. Den Schnittlauch unterheben. Die Sauce unter den Salat heben, mit den Rosinen bestreuen.

3. Die Sonnenblumenkerne in einer Pfanne ohne Fett anrösten und auf den Salat streuen.

Varianten:
Solch eine Rohkost läßt sich natürlich aus allem, was die Saison frisch bietet, zaubern. So verwenden Sie im Sommer Kohlrabi und rote Beten mit Apfel und Walnüssen oder Broccoli und Zucchini mit Beeren. Im Herbst haben Sie die größte Auswahl; wählen Sie Tomaten, Paprikaschoten, Kohl, Zuckermais; kombinieren Sie mit Trauben, Äpfeln, Zwetschgen, Birnen.

Im Bild vorne: Winter-Rohkost
Im Bild hinten: Frühlings-Rohkost

Fenchel mit Tomaten

E F

Zutaten für 1 Person:
1 Fenchelknolle (etwa 300 g)
1 Teel. Basilikum in Öl
2 Tomaten
2 Teel. Olivenöl, kaltgepreßt
Jodsalz · 1 Teel. Balsamessig
Pfeffer, frisch gemahlen

Ballaststoffreich

Etwa: 1000 kJ/240 kcal
10 g Eiweiß · 11 g Fett
19 g Kohlenhydrate

- Zubereitungszeit: etwa 45 Minuten

1. Den Backofen auf 200° vorheizen. Den Fenchel waschen, Schnittstellen nachschneiden und das grüne Laub abzupfen, beiseite legen. Die Knolle quer halbieren.

2. Ein Stück Alufolie mit der blanken Seite nach oben auf die Arbeitsfläche legen, mit den Ölkräutern einreiben, die Knolle mit den Schnittflächen darauf legen. Die Folie schließen und an allen Seiten mehrfach einschlagen. Den Fenchel im Backofen (Mitte; Gas Stufe 3) etwa 35 Minuten garen.

3. Die Tomaten kurz überbrühen und kurz ziehen lassen, kalt abschrecken, häuten und fein hacken. Das Fenchelgrün fein hacken, mit der Tomate, dem Öl, Salz, dem Balsamessig und Pfeffer verrühren.

4. Den Fenchel in dünne Scheiben schneiden und in die Sauce legen. Kurz ziehen lassen. Lauwarm mit Brot essen.

Mittelmeer-Salat

C Ca Mg

Zutaten für 1 Person:
200 g Salatkartoffeln
150 g Aubergine
Öl zum Braten
1 Zucchino
1 Fleischtomate
1 Bund Basilikum
80 g Schafkäse
1 Eßl. Zitronensaft
2 Eßl. Gemüsebrühe
Kräutersalz · Pfeffer, frisch gemahlen
1 Teel. Olivenöl, kaltgepreßt

Ballaststoffreich

Etwa: 2100 kJ/500 kcal
22 g Eiweiß · 24 g Fett
46 g Kohlenhydrate

- Zubereitungszeit: etwa 30 Minuten

1. Das Gemüse gründlich waschen. Die Kartoffeln in der Schale in wenig Wasser garen, pellen und in Scheiben schneiden.

2. Die Aubergine in etwa 1 cm dicke Scheiben schneiden. Eine Herdplatte mit Alufolie abdekken, Folie leicht einölen und die Scheiben darauf legen oder eine gußeiserne Pfanne mit geölter Alufolie auslegen und die Scheiben hineinlegen. Bei starker Hitze von beiden Seiten rösten, bis sie innen weich sind. Die Scheiben in Würfel teilen.

3. Den Zucchino fein raspeln, die Tomate in Würfel schneiden. Den Stielansatz entfernen. Das Basilikum waschen, die Blätter abzupfen, die größeren mit einer Schere in Streifen schneiden, die kleinen ganz verwenden. Den Schafkäse grob würfeln.

4. Den Zitronensaft und die Brühe mit den Gewürzen verrühren und das Öl unterschlagen.

5. Die Kartoffeln kurz in der Sauce ziehen lassen, dann die übrigen Zutaten unterziehen.

Tip!

Salate, die satt machen, können Sie gut an die Arbeitsstätte mitnehmen, um sich mittags optimal zu verpflegen. Gekocht wird dann abends zu Hause. Sind Sie den ganzen Tag daheim, eignen sich diese milden Salate gut fürs Abendessen.

Bild oben: Fenchel mit Tomaten
Bild unten: Mittelmeer-Salat

Mais-Salat

E A Ca

Zutaten für 1 Person:
2 kleine Maiskolben
250 g junge Möhren
1/2 kleine Schmorgurke
1 Prise Safranpulver
1/8 l Gemüsebrühe
Jodsalz · Pfeffer, frisch gemahlen
1 Teel. milder Senf
1 Eßl. Weizenkeimöl
1/2 Bund Kerbel
100 g Mozzarella
2 Eßl. ungeschälte Kürbiskerne

Ballaststoffreich

Etwa: 1725 kJ/410 kcal
27 g Eiweiß · 22 g Fett
26 g Kohlenhydrate

- Zubereitungszeit: etwa 45 Minuten

1. Die Maiskolben von Blättern und Fäden befreien, abbrausen. Die Kerne senkrecht von oben nach unten vom Kolben schneiden. Die Möhren schälen und in dünne Scheiben schneiden. Die Gurke schälen, längs halbieren, die Kerne herauskratzen. Die Gurke in etwa 1/2 cm dicke Halbringe schneiden.

2. Das Safranpulver in der Gemüsebrühe auflösen, Pfeffer und die Möhren dazugeben und 5 Minuten köcheln lassen. Dann den Mais dazufügen, weitere 10 Minuten kochen lassen.

3. Die Gurke hinzufügen und etwa 10 Minuten weiterdünsten.

4. Die Gemüsebrühe abgießen und mit dem Senf und dem Öl zur Sauce rühren. Mit Salz und Pfeffer abschmecken.

5. Die Kerbelblättchen abzupfen. Den Mozzarella klein würfeln, mit dem Kerbel unter das Gemüse ziehen, die Sauce darüber verteilen. Die Kürbiskerne in einer Pfanne ohne Fett rösten, über den Salat streuen. Den Salat etwa 15 Minuten ziehen lassen und lauwarm essen.

Kartoffelsalat mit Lammfilet

C Ei Mg

Dieser Salat entspricht einer Hauptmahlzeit. Da er sich gut hält, können Sie gleich für zwei Mahlzeiten kochen – oder Ihren Mann mitessen lassen!

Zutaten für 2 Personen:
200 g Lammfilet
5 Teel. kaltgepreßtes Öl
2 Teel. Sojasauce
600 g Salatkartoffeln
Jodsalz
1/8 l Gemüsebrühe
1 Teel. Senf
Pfeffer, frisch gemahlen
1 Teel. Zitronensaft
1/2 Bund Petersilie

Läßt sich gut vorbereiten

Pro Portion etwa:
3500 kJ/830 kcal
53 g Eiweiß · 33 g Fett
86 g Kohlenhydrate

- Zubereitungszeit: etwa 1 Stunde

1. Das Filet in dünne Scheiben schneiden. 3 Teelöffel Öl mit der Sojasauce vermischen, das Fleisch darin wenden.

2. Die Kartoffeln waschen und in wenig Salzwasser in etwa 20 Minuten garen.

3. Die Gemüsebrühe aufkochen, den Senf und Pfeffer dazugeben, den Topf vom Herd ziehen. Die Filetscheiben auf dem Kontaktgrill oder in einer gußeisernen Pfanne von beiden Seiten kurz rösten.

4. Die Kartoffeln schälen, in Scheiben schneiden und mit dem Fleisch mischen.

5. Die Brühe mit dem restlichem Öl, dem Zitronensaft und eventuell Salz abschmecken und über den Salat verteilen. Die Petersilie hacken, den Salat damit bestreuen und kurz ziehen lassen.

Im Bild vorne: Mais-Salat
Im Bild hinten:
Kartoffelsalat mit Lammfilet

Buchweizen mit Egerlingen

<C> (B1) (B6)

Pilze enthalten viel hochwertiges pflanzliches Eiweiß, das durch Getreide noch aufgewertet wird. Mit »Körnern« zusammen ergeben sie eine schnelle Mahlzeit, die auch abends den Magen nicht belastet. Egerlinge sind braune Champignons, auch Steinchampignons genannt. Sie schmecken kräftiger als die weißen.

Zutaten für 1 Person:
100 g Buchweizenkörner
100 g rote Paprikaschote
200 ml Gemüsebrühe (Instant)
Jodsalz
Pfeffer, frisch gemahlen
Muskatnuß, frisch gerieben
200 g kleine Egerlinge
1 Teel. Olivenöl
1 Eßl. Petersilie, frisch gehackt
1 Eßl. saure Sahne (10% Fett)

Schnell · Ballaststoffreich

Etwa: 1910 kJ/460 kcal
17 g Eiweiß · 9 g Fett
76 g Kohlenhydrate

- Zubereitungszeit: etwa 25 Minuten

1. In einem kleinen Topf Wasser zum Kochen bringen, den Buchweizen hineingeben und etwa 2 Minuten köcheln lassen. Duch ein Sieb abgießen, kalt abbrausen.

2. Die Paprika waschen, putzen und in kleine Würfel schneiden.

3. Den Buchweizen mit der Brühe wieder zum Kochen bringen. Nach etwa 5 Minuten die Paprika dazugeben, mit Salz, Pfeffer und Muskat mischen. Zugedeckt bei schwacher Hitze etwa 5 Minuten ausquellen lassen.

4. Die Pilze abreiben oder kurz abbrausen und putzen. Mit dem Öl kräftig braten, salzen und pfeffern.

5. Den Buchweizen mit der Petersilie und den Gewürzen abschmecken, auf einen Teller geben. Die Pilze daraufgeben und mit der sauren Sahne garnieren.

Austernpilze mit Quinoa

<C> (B1) (B6)

Zutaten für 1 Person:
80 g Quinoa
170 ml Gemüsebrühe
2 Tomaten
200 g Austernpilze
1 Eßl. Butter oder ungehärtete Margarine
Jodsalz
Pfeffer, frisch gemahlen
1 Eßl. Zitronensaft
1 Eßl. Petersilie, frisch gehackt
2 Eßl. saure Sahne (10% Fett)

Schnell · Ballaststoffreich

Etwa: 2400 kJ/570 kcal
17 g Eiweiß · 24 g Fett
68 g Kohlenhydrate

- Zubereitungszeit: etwa 30 Minuten

1. Das Quinoa in einem Topf trocken anrösten, mit der Brühe begießen und bei etwa 15 Minuten garen. Vom Herd ziehen und zugedeckt quellen lassen.

2. Inzwischen die Tomaten kurz überbrühen, schälen, von den Stielansätzen befreien und in Spalten schneiden.

3. Die Austernpilze abreiben und in Streifen schneiden. Das Fett in einer Pfanne erhitzen, die Pilze rundherum bei starker Hitze braun braten, mit Salz, Pfeffer und dem Zitronensaft würzen.

4. Das Quinoa in die Pilzpfanne geben, mitbraten und erst zum Schluß, wenn das Quinoa heiß ist, die Petersilie und die Tomaten kurz mitziehen lassen. Mit der sauren Sahne zu Tisch geben.

Tip!

Austernpilze nicht waschen, sie saugen sich sonst voll wie ein Schwamm. Dieser Zuchtpilz ist so sauber, daß es reicht, ihn mit Küchenpapier abzureiben.

Im Bild vorne:
Austernpilze mit Quinoa
Im Bild hinten:
Buchweizen mit Egerlingen

Pfannkuchen mit Spinatcreme

B2 Ca

Zutaten für 1 Person:
1 Ei
40 g Vollkornmehl
100 ml Milch
1 Teel. dunkle Leinsamen
Jodsalz
300 g frischer Blattspinat
1 Teel. Olivenöl
50 g saure Sahne (20% Fett)
40 g Vollmilch-Joghurt
1 Eßl. Hefeflocken
Pfeffer, frisch gemahlen
Muskatnuß, frisch gerieben
Kräutersalz

Ballaststoffreich

Etwa: 2100 kJ/500 kcal
32 g Eiweiß · 24 g Fett
38 g Kohlenhydrate

- Zubereitungszeit: etwa 30 Minuten

1. Das Ei mit dem Mehl verrühren. Nach und nach die Milch und den Leinsamen unterrühren, salzen und quellen lassen.

2. Inzwischen den Spinat waschen und putzen.

3. Das Olivenöl in einer Pfanne erhitzen und aus dem Teig von beiden Seiten einen Pfannkuchen backen.

4. Währenddessen den nassen Spinat in einem Topf bei schwacher Hitze zusammenfallen lassen.

5. Die saure Sahne, den Joghurt und die Hefeflocken unter den Spinat rühren, mit den Gewürzen kräftig abschmecken. Den Pfannkuchen mit der Creme füllen, zusammenklappen und servieren.

Kartoffel-Zucchini-Kuchen

C Mg

Zutaten für 1 Person:
150 g Kartoffeln
100 g Zucchini
1 Ei
3 Eßl. Mehl
Jodsalz · Pfeffer, frisch gemahlen
1 Eßl. Olivenöl
1 rote Paprikaschote
6 Eßl. Tomatensaft
Sojasauce
1 Spritzer Worcestersauce

Preiswert

Etwa: 1800 kJ/430 kcal
16 g Eiweiß · 17 g Fett
53 g Kohlenhydrate

- Zubereitungszeit: etwa 30 Minuten

1. Die Kartoffeln waschen, schälen und fein reiben. Die Zucchini waschen, putzen und grob raspeln. Mit den Kartoffeln, dem Ei und dem Mehl mischen. Die Masse mit Salz und Pfeffer abschmecken.

2. Den Backofengrill oder den Backofen bei stärkster Hitze vorheizen. Das Öl in einer beschichteten Pfanne erhitzen, die Kartoffel-Zucchinimasse hineingeben und flachdrücken. Den Zucchini-Kuchen zugedeckt bei mittlerer Hitze etwa 7 Minuten garen, wenden und nochmals etwa 7 Minuten garen.

3. Inzwischen die Paprikaschote auf ein Stück Alufolie legen, in den Backofen schieben und solange von allen Seiten grillen, bis die Haut braun wird und Blasen wirft.

4. Die Schote mit Salz bestreuen, in ein feuchtes Tuch legen und etwas abkühlen lassen. Dann die Haut abziehen. Die Schote halbieren, Kerne und Trennwände sowie Stielansatz entfernen.

5. Die Paprika würfeln, mit dem Tomatensaft, der Sojasauce und der Worcestersauce pürieren. Die Sauce mit Salz und Pfeffer abschmecken und zu dem Kartoffel-Zucchini-Kuchen servieren.

Tip!

Wenn Ihr Magen es verträgt, können Sie die Paprikaschote auch roh pürieren: Sie hat dann wesentlich mehr Vitamin C.

Bild oben: Pfannkuchen mit Spinatcreme
Bild unten: Kartoffel-Zucchini-Kuchen

Kürbiscreme-suppe

E

Suppen sind bei Appetitlosigkeit günstig. Ich habe besonders milde, gut verträgliche zusammengestellt. Nach Bedarf können Sie sie mit gemahlenen Nüssen, etwas Butter oder püriertem Fleisch reichhaltiger machen.

Zutaten für 1 Person:
300 g Hokkaido-Kürbis
1 knapper Eßl. Butter oder
ungehärtete Margarine
150 ml Gemüsebrühe
1 Eßl. Crème fraîche
1 Prise Muskatnuß, frisch gerieben
weißer Pfeffer, frisch gemahlen
Jodsalz
1 Eßl. Kürbiskerne
1 Eßl. Weizenkeime

Läßt sich gut einfrieren

Etwa: 1500 kJ/360 kcal
11 g Eiweiß · 27 g Fett
18 g Kohlenhydrate

- Zubereitungszeit: etwa 25 Minuten

1. Den Kürbis in Spalten schneiden, dann – am besten mit dem Kartoffelschäler – schälen. Die Kerne und den faserigen Innenteil entfernen.

2. Das Kürbisfleisch grob würfeln, in der Butter kurz andünsten, dann mit der Gemüsebrühe ablöschen und bei mittlerer Hitze in etwa 15 Minuten garen.

3. Den Kürbis pürieren, die Crème fraîche unterziehen. Wenn die Suppe zu dickflüssig ist, noch etwas Gemüsebrühe hinzufügen. Die Suppe nochmals erwärmen, mit den Gewürzen abschmecken.

4. Die Kürbiskerne in einer Pfanne ohne Fett rösten. Die Weizenkeime unter die Suppe ziehen und die Kerne darüber streuen.

Tip!

Hokkaido-Kürbis gibt's auf dem Wochenmarkt oder im Naturkostladen. Er ist besonders aromatisch. Alternative: Alle anderen Kürbisarten oder Zucchini.

Wurzelcreme mit Krabben

Sellerie und Petersilie stärken den Magen, Krabben liefern das wichtige Zink.

Zutaten für 1 Person:
150 g Knollensellerie
100 g Petersilienwurzel
1/8 l Gemüsebrühe
50 g saure Sahne (20% Fett)
2 Eßl. Hefeflocken
Jodsalz · Pfeffer, frisch gemahlen
100 g Krabben, gegart und geschält

Raffiniert

Etwa: 1400 kJ/330 kcal
41 g Eiweiß · 10 g Fett
20 g Kohlenhydrate

- Zubereitungszeit: etwa 35 Minuten

1. Den Sellerie und die Petersilienwurzel waschen, schälen und würfeln. In der Gemüsebrühe in etwa 25 Minuten garen.

2. Das Gemüse pürieren, die saure Sahne und die Hefeflocken unterziehen. Die Suppe wieder erwärmen, mit Salz und Pfeffer abschmecken

3. Die Suppe mit den Krabben anrichten und servieren.

Tips!

Diese Suppe können Sie auch mit anderem Wurzelgemüse (Möhren, Rote Bete, Pastinaken) zubereiten. Hefeflocken liefern sehr viel Vitamin B_2, das jetzt besonders wichtig ist. Es gibt eine neutral schmeckende und eine pikante Version. Reichern Sie Ihr Essen mit den Flocken an: Sie schmecken in Salaten und Suppen, im Müsli und in Milchgetränken. Erhitzen Sie die Flocken aber nicht – sonst wird das Vitamin B zerstört.

Im Bild vorne:
Wurzelcreme mit Krabben
Im Bild hinten: Kürbiscremesuppe

Rotbarsch in Kräutercreme

C Mg J Fl

Zutaten für 1 Person:
200 g kleine Kartoffeln
Jodsalz
200 g Rotbarschfilet
2 Eßl. Zitronensaft
Pfeffer, frisch gemahlen
1/2 Bund Kerbel
1/2 Bund Schnittlauch
1/2 Bund Dill
1/2 Kopfsalat
2 Teel. Butter
2 Eßl. Crème fraîche

Vitaminreich

Etwa: 2200 kJ/520 kcal
41 g Eiweiß · 28 g Fett
29 g Kohlenhydrate

- Zubereitungszeit: etwa 40 Minuten

1. Die Kartoffeln waschen, in der Schale mit Salz und wenig Wasser garen.

2. Inzwischen das Rotbarschfilet waschen, trockentupfen, mit dem Zitronensaft beträufeln. Mit Salz und Pfeffer würzen. Die Kräuter waschen und trockentupfen. Den Schnittlauch in feine Röllchen schneiden, die restlichen Kräuter fein hacken. Den Salat waschen, abtropfen lassen, vom Strunk befreien und in feine Streifen schneiden.

3. 1 Teelöffel Butter in einem kleinen Topf zerlassen. Den Fisch darin in etwa 10 Minuten weich dünsten, dabei einmal wenden. Wenn der Fisch ansetzt, einen kleinen Schuß Wasser dazugeben. Inzwischen die restliche Butter in einem zweiten Topf zerlassen. Den Salat hineingeben und in etwa 10 Minuten weich dünsten.

4. Den Salat mit dem Pürierstab zermusen, dabei die Crème fraîche dazugeben. Die Sauce nochmals erwärmen, die Kräuter hineingeben, mit Salz und Pfeffer abschmecken. Die Sauce zum Fisch und den Pellkartoffeln reichen.

Petersfisch in Tomatencreme

J Fl

Zutaten für 1 Person:
200 g Filet vom Petersfisch
(ersatzweise Scholle)
1 Eßl. Zitronensaft
Jodsalz
Pfeffer, frisch gemahlen
60 ml Hühnerbrühe
1 Eßl. Tomatenmark
1 knapper Eßl. Butter oder
ungehärtete Margarine
1 Eßl. Mehl
2 Eßl. geschlagene Sahne

Schnell

Etwa: 1500 kJ/360 kcal
36 g Eiweiß · 21 g Fett
10 g Kohlenhydrate

- Zubereitungszeit: etwa 30 Minuten

1. Das Fischfilet mit dem Zitronensaft beträufeln, salzen und pfeffern.

2. Die Hühnerbrühe zum Kochen bringen und den Fisch darin bei schwacher Hitze etwa 10 Minuten ziehen lassen, bis er gar ist. Herausheben und warm stellen.

3. Das Tomatenmark in die Brühe rühren. Das Fett mit dem Mehl vermischen, in kleinen Stückchen in die Sauce geben und unter ständigem Rühren aufkochen lassen.

4. Die Sahne unter die Sauce ziehen. Diese mit Salz und Pfeffer abschmecken. Die Sauce auf einen Teller geben und den Fisch darauf legen. Dazu passen Pellkartoffeln.

Tips!

Wer keine Jod- und Fluorpräparate nehmen möchte, kommt jetzt ohne Meeresfisch nicht mehr aus. Ideal sind zwei Fischmahlzeiten pro Woche. Verwenden Sie darüberhinaus nur jodiertes Salz. Und fragen Sie beim Bäcker oder im Reformhaus nach Brot, das mit jodiertem Salz gebacken ist.

Im Bild vorne:
Petersfisch in Tomatencreme
Im Bild hinten:
Rotbarsch in Kräutercreme

Lachsforelle auf Blattspinat

Zutaten für 2 Personen:
2 Lachsforellenfilets (je etwa 200 g)
2 Eßl. Zitronensaft
Jodsalz
Pfeffer, frisch gemahlen
500 g Blattspinat
Muskatnuß, frisch gerieben
2 Eßl. Butter oder
ungehärtete Margarine
100 g junge Möhren
1 Frühlingszwiebel
1 Eßl. Mehl
100 ml Gemüsebrühe
50 g Crème fraîche
4 Eßl. Sahne

Raffiniert

Pro Portion etwa:
2300 kJ/550 kcal
47 g Eiweiß · 35 g Fett
10 g Kohlenhydrate

- Zubereitungszeit: etwa 50 Minuten

1. Die Fischfilets mit Zitronensaft beträufeln, salzen und pfeffern. Reichlich Salzwasser zum Kochen bringen. Den Spinat verlesen, putzen, waschen und im kochenden Wasser 1–2 Minuten blanchieren. Kalt abbrausen und gut abtropfen lassen. Mit Salz, Pfeffer und Muskat abschmecken.

2. Eine Auflaufform mit etwas Fett ausstreichen. Den Backofen auf 180° vorheizen. Den Spinat in der Form verteilen, die Fischfilets darauf legen.

3. Die Möhren und die Zwiebel waschen, schälen oder putzen und in feine Streifen schneiden. Das Gemüse im übrigen Fett andünsten, mit dem Mehl überstäuben und kurz anschwitzen. Dann die Brühe, die Crème fraîche und die Sahne dazugeben, kurz kochen lassen, mit Salz, Pfeffer und Zitronensaft abschmecken.

4. Die Sauce über die Fischfilets verteilen und alles im Backofen (Mitte) etwa 25 Minuten überbacken.

Lachs im Reispapier

J Fl

Zutaten für 2 Personen:
2 Lachsfilets (je etwa 120 g)
2 Eßl. Zitronensaft
Jodsalz
Pfeffer, frisch gemahlen
1/2 rote Paprikaschote
3 Frühlingszwiebeln
1 Tasse Sojabohnensprossen (etwa 120 g)
1 1/2 Eßl. Sesamöl
1 haselnußgroßes Stückchen Ingwerwurzel
1 Prise gemahlenes Zitronengras
1 Eßl. Reiswein
1 1/2 Eßl. Sojasauce
4 Blätter Reispapier (21 cm Ø; Asienladen)
Für die Form: Fett

Raffiniert

Pro Portion etwa:
1400 kJ/330 kcal
29 g Eiweiß · 24 g Fett
8 g Kohlenhydrate

- Zubereitungszeit: etwa 45 Minuten

1. Den Lachs mit dem Zitronensaft beträufeln, mit Salz und Pfeffer würzen. Die Paprikaschote putzen, waschen und in feine Streifen schneiden. Die Frühlingszwiebeln waschen, putzen und in feine Ringe schneiden. Die Sprossen gut abbrausen und abtropfen lassen. Den Backofen auf 200° vorheizen.

2. 1 Eßlöffel Sesamöl in einer Pfanne erhitzen, das Gemüse dazugeben und etwa 2 Minuten kräftig anbraten. Den Ingwer schälen, fein hacken und zum Gemüse geben. Das Gemüse mit dem Zitronengras, dem Reiswein und 1 Eßlöffel Sojasauce abschmecken.

3. Das Reispapier in kaltem Wasser nach Packungsanleitung einweichen. Dann jeweils 2 Blätter auf einem Küchentuch aufeinanderlegen und trockentupfen. Die Hälfte des Gemüses darauf verteilen. Je 1 Fischfilet darauf legen, mit dem restlichen Gemüse bedecken. Das Reispapier zusammenschlagen und zu Päckchen formen.

4. Die restliche Sojasauce mit dem übrigen Öl verquirlen. Die Auflaufform fetten. Die Päckchen hineinlegen, mit dem Öl bestreichen und im Backofen (Mitte; Gas Stufe 3) etwa 15 Minuten überbacken. Sofort servieren.

Gegrillter Haifisch mit Zucchini

<J> <Fl>

Festfleischige Fische wie Haifisch oder Thunfisch können Sie wie Fleisch grillen oder auf Spieße stecken. Eine unkomplizierte, pikante Abwechslung.

Zutaten für 2 Personen:
2 Haifischsteaks (je etwa 200 g)
4 Eßl. Zitronensaft
1 Eßl. Öl · Jodsalz
1 Messerspitze Currypulver
500 g Zucchini
1 Teel. Butter
2 Eßl. Gemüsebrühe · 1 Bund Dill
2 Eßl. saure Sahne (20% Fett)
weißer Pfeffer, frisch gemahlen
Muskatnuß, frisch gerieben
Für die Folie: Fett

Etwas teurer

Pro Portion etwa:
2500 kJ/600 kcal
46 g Eiweiß · 38 g Fett
6 g Kohlenhydrate

- Marinierzeit: 1 Stunde
- Zubereitungszeit: etwa 30 Minuten

1. Den Fisch kalt abwaschen, trockentupfen. Den Zitronensaft mit dem Öl, etwas Salz und dem Curry vermischen, den Fisch damit bestreichen und im Kühlschrank mindestens 1 Stunde marinieren.

2. Die Zucchini waschen, von den Enden befreien und in dünne Scheiben schneiden. Die Butter in einem Topf erhitzen, die Zucchinischeiben hineingeben, die Brühe angießen und die Zucchini bei mittlerer Hitze in etwa 10 Minuten garen.

3. Den Fisch auf ein Stück gefettete Alufolie legen und auf dem Grill oder unter dem Backofengrill von beiden Seiten etwa 4–6 Minuten garen.

4. Den Dill fein hacken und mit der sauren Sahne unter die Zucchini ziehen, mit Salz, Pfeffer und Muskat abschmecken. Mit dem Grillfisch servieren.

Thunfisch-Spieße

<J> <Fl>

Zutaten für 2 Personen:
400 g frischer Thunfisch
Jodsalz
2 Eßl. Zitronensaft
1/2 Bund Frühlingszwiebeln
1 rote Paprikaschote
1/2 Salatgurke
100 g kleine Champignons
2 Teel. Paprikapulver, edelsüß
2 Teel. Kurkuma- oder Currypulver
4 Eßl. Tomatenketchup
1/2 Teel. Senf
1 Eßl. Crème fraîche
Holzspieße · Zum Braten: Fett

Schnell

Pro Portion etwa:
2500 kJ/600 kcal
45 g Eiweiß · 33 g Fett
15 g Kohlenhydrate

- Zubereitungszeit: etwa 30 Minuten

1. Den Fisch in 2–3 cm große Würfel schneiden und mit dem Zitronensaft beträufeln. Das Gemüse waschen, putzen und ähnlich groß zurechtschneiden.

2. 1/2 Teelöffel Salz mit den Gewürzen mischen, die Fischwürfel darin wenden. Im Wechsel Gemüse und Fisch auf Holzspieße stecken.

3. In einer Pfanne etwa 2 cm hoch Fett erhitzen und die Spieße darin bei mittlerer Hitze etwa 10 Minuten braten, ab und zu wenden. Oder die Spieße grillen, dabei mit Öl bepinseln und ebenfalls drehen.

4. Das Ketchup, den Senf und die Crème fraîche verrühren, zu den Spießen reichen.

Tip!

Als Variante zum Fisch können Sie auch die jodreichen Garnelen oder Krabben »aufspießen«. Sie können die beiden Rezepte aber auch mit Fleisch variieren: Nehmen Sie Rindersteak, das eignet sich zum Grillen und Kurzbraten und ist reich an Fluor.

Im Bild vorne: Thunfisch-Spieße
Im Bild hinten:
Gegrillter Haifisch mit Zucchini

Tafelspitz mit Gemüse

A C Ei

Zutaten für 2 Personen:

1/8 l Gemüsebrühe
1/8 l Brottrunk
(Reformhaus oder Naturkostladen)
400 g Tafelspitz
500 g Kartoffeln
250 g Möhren
250 g Broccoli
2 Fleischtomaten
1/2 Bund Kerbel
Pfeffer, frisch gemahlen
Jodsalz
Sojasauce

Ballaststoffreich

Pro Portion etwa:
2600 kJ/620 kcal
54 g Eiweiß · 22 g Fett
56 g Kohlenhydrate

- Zubereitungszeit: etwa 2 Stunden (davon 1 Stunde Garzeit)

1. Die Gemüsebrühe mit dem Brottrunk zum Kochen bringen, das Fleisch einlegen. Die Hitze so reduzieren, daß die Brühe kaum kocht, sich nur leicht kräuselt. Etwa 1 Stunde ziehen lassen.

2. Die Gemüse waschen, putzen oder schälen und grob zerkleinern. Die Möhren und die Kartoffeln zum Tafelspitz geben, weiter ziehen lassen, den Broccoli nach etwa 15 Minuten ebenfalls dazugeben.

3. Die Tomaten mit heißem Wasser überbrühen, häuten und hacken. Die Kerbelblättchen von den Stielen zupfen und mit den Tomaten am Ende der Garzeit zum Fleisch geben. Mit etwas Pfeffer, Salz und Sojasauce abschmecken. Das Fleisch in Scheiben schneiden und mit dem Gemüse anrichten.

Geschnetzeltes mit Gemüse

C Ei

Zutaten für 2 Personen:

300 g gelbe Paprikaschoten
400 g Fleischtomaten · 1 Zwiebel
200 g Rouladenfleisch
1 Eßl. Butterschmalz
1/4 Teel. Jodsalz
1 Prise Pfeffer, frisch gemahlen
1/2 Teel. Paprikapulver, edelsüß
1 kleine Dose Maiskörner
2 Teel. Petersilie, frisch gehackt

Ballaststoffreich

Pro Portion etwa:
1400 kJ/330 kcal
27 g Eiweiß · 13 g Fett
27 g Kohlenhydrate

- Zubereitungszeit: etwa 40 Minuten

1. Die Paprikaschoten und die Tomaten gründlich waschen. Die Paprikaschoten halbieren, von den Stielansätzen, Kernen und weißen Zwischenwänden befreien und in feine Streifen schneiden. Die Tomaten in grobe Würfel schneiden, die grünen Stielansätze entfernen. Die Zwiebel schälen, halbieren und fein würfeln. Das Fleisch in feine Streifen schneiden.

2. Das Butterschmalz in einer großen Pfanne oder im Wok erhitzen. Das Fleisch kurz anbraten, dann die Zwiebelwürfel und die Paprikastreifen dazugeben. Mit dem Salz, dem Pfeffer und dem Paprikapulver würzen und unter häufigem Rühren bei starker Hitze etwa 10 Minuten braten.

3. Die Tomatenstückchen und den Mais mit seinem Saft dazugeben und bei mittlerer Hitze weitere 10 Minuten schmoren. Das Geschnetzelte mit der Petersilie bestreut anrichten.

Tip!

Fleisch ist die wichtigste Eisenquelle. Bevorzugen Sie dunkles, mageres Fleisch, und kombinieren Sie es mit Vitamin C-reichem Gemüse oder Säften: Dann kann der Körper das Eisen besser ausnutzen. Gehemmt wird die Eisenaufnahme von Calcium in Milch und von schwarzem Tee: Diese Getränke nicht zu Fleischgerichten trinken.

Bild oben: Tafelspitz mit Gemüse
Bild unten: Geschnetzeltes mit Gemüse

Hähnchenstreifen mit Tomaten

B6 Ei

Zutaten für 2 Personen:
250 g Hühnerbrustfilet
Jodsalz
Paprikapulver, edelsüß
Mehl
1 Stange Lauch
1 Eßl. Butter
1/8 l Gemüsebrühe
500 g Flaschentomaten
2 Eßl. saure Sahne (20% Fett)

Schnell

Pro Portion etwa:
1100 kJ/260 kcal
33 g Eiweiß · 10 g Fett
12 g Kohlenhydrate

- Zubereitungszeit: etwa 20 Minuten

1. Das Hähnchenfleisch in dünne Streifen schneiden und leicht salzen. Mehl mit Paprika mischen und das Fleisch darin wälzen.

2. Den Lauch putzen und unter fließendem Wasser gründlich waschen, in Ringe schneiden.

3. Die Butter erhitzen, das Fleisch darin anbraten, den Lauch dazugeben und kurz mitdünsten. Dann mit der Brühe ablöschen und zugedeckt etwa 5 Minuten dünsten.

4. Die Tomaten mit kochendem Wasser überbrühen und die Haut abziehen. Die Stielansätze herausschneiden und die Tomaten in schmale Spalten schneiden.

5. Die saure Sahne in der Sauce auflösen, die Tomatenscheiben darin ziehen lassen, bis sie heiß sind. Dazu passen Nudeln oder Reis.

Gemüse-Hähnchen-Topf

A C Ei

Zutaten für 4 Personen:
1 Poularde (etwa 1,4 kg)
1/2 Teel. Jodsalz
Paprikapulver, edelsüß
Pfeffer, frisch gemahlen
2 Eßl. Zitronensaft
1 l Gemüsebrühe (Instant)
1 kleiner Blumenkohl
300 g Broccoli
200 g Möhren
150 g Maiskörner (aus der Dose)
150 g Maisgrieß

Raffiniert

Pro Portion etwa:
2300 kJ/550 kcal
61 g Eiweiß · 15 g Fett
42 g Kohlenhydrate

- Zubereitungszeit: etwa 1 1/4 Stunden (davon 45 Minuten Garzeit

1. Das Hähnchen innen und außen heiß waschen und gut abtrocknen, mit dem Salz, Paprika, Pfeffer und 1 Eßlöffel Zitronensaft innen und außen einreiben.

2. In einer Kasserolle die Brühe aufkochen, das Hähnchen und den restlichen Zitronensaft dazugeben und zum Kochen bringen. Das Hähnchen etwa 20 Minuten köcheln lassen.

3. Das Gemüse waschen. Den Blumenkohl und den Broccoli in kleine Röschen teilen, die Stiele und die Möhren schälen und klein würfeln. Die Stiele und die Möhren zum Hähnchen geben, weiterköcheln lassen.

4. Nach weiteren 15 Minuten die Röschen hinzufügen. Nach etwa 10 Minuten die abgetropften Maiskörner dazugeben und in der Brühe nur kurz erwärmen.

5. Das Hähnchen und das Gemüse mit dem Schaumlöffel aus der Brühe heben. Den Maisgrieß in die Brühe rieseln lassen, unter Rühren zum Kochen bringen, vom Herd ziehen und zugedeckt in etwa 10 Minuten ausquellen lassen. Den Maisgrieß in eine Schüssel füllen, das Gemüse und das Fleisch daraufgeben und servieren.

Im Bild vorne: Gemüse-Hähnchen-Topf
Im Bild hinten:
Hähnchenstreifen mit Tomaten

Frikadellen aus dem Ofen

A B1 B6 EI

So zubereitet sind die Frikadellen wesentlich leichter, da sie nicht mit viel Fett in der Pfanne gebraten werden.

Zutaten für 2 Personen:
250 g Rinderhackfleisch
150 g Magerquark
1 kleines Ei
80 g zarte Haferflocken
1/2 Teel. Jodsalz
Pfeffer, frisch gemahlen
1/2 Zwiebel
1 kleine Knoblauchzehe
Für die Folie: Öl

Schnell

Pro Portion etwa:
2440 kJ/580 kcal
48 g Eiweiß · 30 g Fett
29 g Kohlenhydrate

- Zubereitungszeit: etwa 35 Minuten

1. Das Hackfleisch in eine Schüssel geben. Den Quark, das Ei und die Haferflocken zum Hackfleisch geben und alles zu einer gleichmäßigen Masse verkneten. Diese mit Salz und Pfeffer abschmecken.

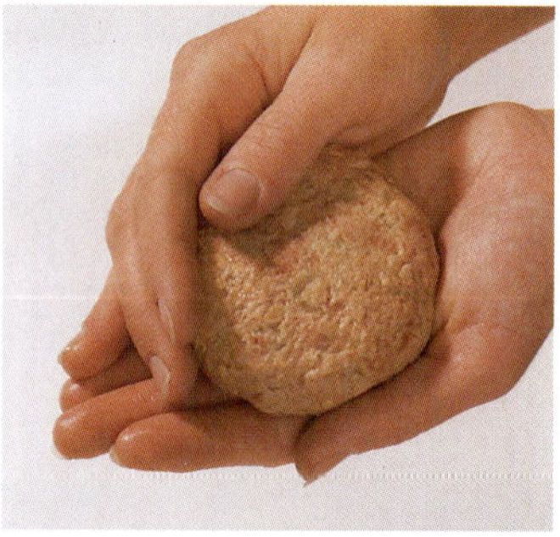

2. Die Zwiebel und die Knoblauchzehe schälen, in feine Würfel schneiden und zum Fleisch geben. Alles gut miteinander verkneten und zu nicht zu großen Frikadellen formen.

3. Ein Stück Alufolie einölen, die Frikadellen darauf legen und unter den heißen Backofengrill schieben.

4. Die Frikadellen von jeder Seite etwa 3 Minuten braten und mit Salat servieren.

Hackfleisch-topf mit Kohlrabi

C Ei

Dieses einfache, schnelle Grundrezept können Sie mit vielen Gemüsesorten abwandeln: Möhren, Weißkohl, Wirsing, Lauch, Blumenkohl, Broccoli und Fenchel eignen sich besonders gut. Größere Mengen lassen sich prima einfrieren.

Zutaten für 2 Personen:
600 g Kohlrabi
1 Eßl. Butter oder
ungehärtete Margarine
250 g Rinderhackfleisch
Jodsalz
Pfeffer, frisch gemahlen
3 Eßl. Sahne

Schnell · Ballaststoffreich

Pro Portion etwa:
1915 kJ/460 kcal
34 g Eiweiß · 30 g Fett
10 g Kohlenhydrate

- Zubereitungszeit: etwa 30 Minuten

1. Die Kohlrabi waschen, die groben Blätter entfernen und die zarten Triebe aufheben. Die Knollen schälen und mit dem Raspelwerk der Küchenmaschine oder mit dem Gurkenhobel in dünne Scheiben schneiden.

2. Das Fett in einem Topf zerlassen, das Hackfleisch dazugeben und bei starker Hitze kräftig anbraten, bis das Fleisch gebräunt ist. Salzen und pfeffern.

3. Die Kohlrabiblätter gut waschen, trockentupfen und hacken. Die Kohlrabischeiben und die -blätter dazugeben. Alles umrühren und bei schwacher Hitze in etwa 20 Minuten garen.

4. Das Gericht mit der Sahne verfeinern. Dazu passen Pellkartoffeln oder Reis.

Aprikosen-Kaltschale mit Kokosquark

A C Ca

Zutaten für 1 Person:
5 reife Aprikosen
1 Päckchen Vanillinzucker
1 Eßl. Kokosraspeln
50 g Speisequark (20% Fett)
1 Schuß Mineralwasser
2 Blättchen Zitronenmelisse

Schnell

Etwa: 880 kJ/210 kcal
9 g Eiweiß · 9 g Fett
23 g Kohlenhydrate

- Zubereitungszeit: etwa 15 Minuten

1. Die Aprikosen halbieren, die Steine entfernen und das Fruchtfleisch mit dem Pürierstab fein musen.

2. Die Hälfte vom Vanillinzucker in das Püree rühren, den Rest mit den Kokosraspeln unter den Quark mischen. Beides gut kühlen. Dann das Fruchtmark in einen tiefen Teller geben, das Mineralwasser hineinrühren, aufschäumen.

3. Den Quark wie einen Eisberg in die Mitte setzen. Mit der Melisse garnieren.

Erdbeer-Mousse

C F Ca

Zutaten für 1 Person:
2 1/2 Blatt weiße Gelatine
1 Eßl. Orangensaft
200 g zimmerwarmer Vollmilch-Joghurt
20 g Vollrohrzucker
200 g Erdbeeren
1 Eiweiß

Braucht etwas Zeit

Etwa: 880 kJ/210 kcal
10 g Eiweiß · 9 g Fett
41 g Kohlenhydrate

- Zubereitungszeit: etwa 30 Minuten
- Gelierzeit: Über Nacht

1. Die Gelatine etwa 10 Minuten in kaltem Wasser einweichen. Dann in einem Topf bei schwacher Hitze mit dem Orangensaft auflösen, dann vom Herd nehmen. Nach und nach den Joghurt und den Zucker dazugeben.

2. Die Erdbeeren waschen, das Grün abzupfen. 100 g weniger schöne Beeren mit einem Pürierstab in der Joghurtmasse zermusen, kalt stellen. Wenn die Masse zu gelieren beginnt, das Eiweiß steif schlagen und unterziehen.

3. Eine Puddingform (1/2 l Inhalt) mit kaltem Wasser ausschwenken, die Masse einfüllen und über Nacht im Kühlschrank erstarren lassen. Zum Stürzen die Form einen Moment in heißes Wasser tauchen, dann löst sich die Speise besser. Die übrigen Erdbeeren als Dekoration verwenden.

Tip!

Heißhunger auf Süßes taucht gerade jetzt urplötzlich auf. Wenn Sie wenig Zeit haben, können Sie auch schnell einen Fruchtjoghurt zubereiten: Schneiden Sie frisches Obst der Saison klein. Rühren Sie 1 Joghurt (1,5% Fett) mit je 1 Teelöffel Honig und Hefeflocken cremig und ziehen ihn unters Obst. Wer sehr eilig ist, kann auch ein paar Löffel Beeren aus der Tiefkühltruhe untermischen: Die enthalten besonders viel Ballaststoffe und Vitamine!

*Im Bild vorne:
Aprikosen-Kaltschale mit Kokosquark
Im Bild hinten: Erdbeer-Mousse*

Himbeer-Pfannkuchen

B1 B6 C

Zutaten für 1 Person:
1 Ei
1 Eßl. Weizenmehl
3 Eßl. zarte Haferflocken
1–2 Eßl. Hefeflocken
4 Eßl. Milch
1 Prise Salz
100 g Himbeeren (frisch oder tiefgefrorene, aufgetaut)
1 Teel. Butter oder ungehärtete Margarine
1 Eßl. Puderzucker

Ballaststoffreich · Schnell

Etwa: 1800 kJ/430 kcal
24 g Eiweiß · 16 g Fett
48 g Kohlenhydrate

- Zubereitungszeit: etwa 15 Minuten

1. Das Ei trennen. Das Eigelb mit dem Mehl, den Haferflocken, den Hefeflocken, der Milch und dem Salz zu einem dicklichen Teig rühren. Das Eiweiß steif schlagen und unterheben.

2. Die Himbeeren gegebenenfalls waschen und verlesen.

3. In einer beschichteten Pfanne die Hälfte des Fetts erhitzen und den Teig einlaufen lassen. Die Beeren darüber streuen, den Pfannkuchen zudecken und bei schwacher Hitze etwa 4 Minuten backen, bis die Unterseite goldbraun und die Oberseite gar, aber noch flaumig ist.

4. Die restliche Butter in Flöckchen darüber schmelzen lassen. Dann den Pfannkuchen auf einen Teller gleiten lassen und mit dem Puderzucker überstäuben.

Quarkknödel mit Beerenmark

B1 B6 C

Zutaten für 2 Personen:
250 g Magerquark
2 Eier
1 Teel. Butter
Salz
70 g Weizen-Vollkornmehl
2–3 Eßl. Grieß
150 g Erdbeeren
1 Prise Zimtpulver
1 Eßl. Zuckerrohrgranulat

Ballaststoffreich · Schnell

Pro Portion etwa:
1700 kJ/400 kcal
30 g Eiweiß · 10 g Fett
49 g Kohlenhydrate

- Zubereitungszeit: etwa 35 Minuten

1. Den Quark mit den Eiern und der Butter zu einer glatten Masse verrühren. Nach und nach 1 Prise Salz, das Mehl und 2 Eßlöffel Grieß unterziehen. Der Teig sollte schwer vom Löffel fallen. Ist er noch zu dünn, 1 weiteren Löffel Grieß unterziehen.

2. In einem großen Topf reichlich Wasser mit 1 Teelöffel Salz zum Kochen bringen. Mit einem Eßlöffel Knödel vom Quarkteig abstechen und in das kochende Wasser gleiten lassen. Bei schwacher Hitze die Knödel etwa 8 Minuten ziehen lassen, dann sollten alle an der Wasseroberfläche schwimmen.

3. Die Erdbeeren waschen, die Stielansätze entfernen und die Beeren mit dem Pürierstab fein pürieren. Dabei den Zimt und das Zuckerrohrgranulat untermischen.

4. Die Quarkknödel mit einem Schaumlöffel aus dem Wasser heben, kurz abtropfen lassen und mit dem Beerenmark zu Tisch geben.

Tip!

Sie sollten nicht zu viel Zucker essen, sondern lieber mit Früchten, Dicksaft oder Honig süßen. Wer sich aber insgesamt gesund und vielseitig ernährt, kann sich ein paar Löffel Zucker durchaus leisten.

Im Bild vorne:
Quarkknödel mit Beerenmark
Im Bild hinten:
Himbeer-Pfannkuchen

Kaltgebackene Joghurt-Torte

C Ca

Zutaten für 1 Springform
von 24 cm Ø:
250 g Pumpernickel
4 Eßl. Zitronensaft
500 g Zuchtheidelbeeren
500 g Joghurt
100 g körniger Frischkäse
100 g Honig
8 Blatt weiße Gelatine
100 g Sahne

Ballaststoffreich

Bei 12 Stück pro Stück etwa:
600 kJ/140 kcal
4 g Eiweiß · 4 g Fett
19 g Kohlenhydrate

- Zubereitungszeit: etwa 35 Minuten
- Kühlzeit: 6 Stunden

1. Die Pumpernickelscheiben zerbröseln, in die Springform streuen und mit dem Zitronensaft beträufeln.

2. Die Heidelbeeren waschen, 250 g beiseite legen, die übrigen pürieren.

3. Den Joghurt, den Frischkäse, das Heidelbeerpüree und den Honig gut miteinander verrühren.

4. Die Gelatine in kaltem Wasser etwa 10 Minuten einweichen. Bei schwacher Hitze in einem Topf vorsichtig auflösen, vom Herd nehmen (nicht kochen lassen!).

5. Die Joghurtcreme löffelweise zur Gelatine geben, bis sie abgekühlt ist. Die Masse so lange in den Kühlschrank stellen, bis sie zu gelieren beginnt. Dann die Sahne steif schlagen und unterziehen. Die Masse in die Springform auf den Pumpernickelboden gießen, mit den restlichen Heidelbeeren belegen, kalt stellen.

6. Nach etwa 6 Stunden ist die Torte schnittfest. Den Rand mit einem Messer lösen, den Ring abnehmen und die Torte auf eine Platte schieben.

Aprikosen-Brombeer-Kuchen

A C Ca

Zutaten für 1 Quicheform
von 24 cm Ø:
200 g Brombeeren
400 g Aprikosen
1/4 l Milch
50 g Vollkorn-Grieß
40 g Zucker
250 g Sahnequark
2 Eier
40 g gelbe Leinsamen
2 Eßl. Puderzucker, nach Belieben
Für die Form: Fett

Schnell · Ballaststoffreich

Bei 10 Stück pro Stück etwa:
660 kJ/160 kcal
7 g Eiweiß · 7 g Fett
17 g Kohlenhydrate

- Zubereitungszeit: etwa 40 Minuten

1. Den Backofen auf 200° vorheizen. Die Beeren verlesen, behutsam waschen und abtropfen lassen. Die Aprikosen waschen, vierteln und entsteinen.

2. Die Milch mit dem Grieß etwa 1 Minute kochen lassen und vom Herd ziehen. Den Zucker dazugeben und etwa 10 Minuten stehenlassen.

3. Den Quark, die Eier und den Leinsamen zum Grieß geben, kräftig durchrühren. Die Form leicht fetten, den Brei einfüllen und glattstreichen. Die Beeren und Aprikosenviertel darüber verteilen.

4. Den Kuchen im Backofen (unten; Gas Sufe 3) etwa 20 Minuten backen. Warm oder kalt essen. Den Puderzucker erst kurz vor dem Servieren aufstreuen.

Im Bild vorne:
Aprikosen-Brombeer-Kuchen
Im Bild hinten:
Kaltgebackene Joghurt-Torte

REZEPT- UND SACHREGISTER

Zum Gebrauch
Damit Sie Rezepte mit bestimmten Zutaten noch schneller finden können, stehen in diesem Register zusätzlich noch beliebte Zutaten wie Broccoli oder Quark – ebenfalls alphabetisch geordnet und halbfett gedruckt – über den entsprechenden Rezepten. Außerdem finden Sie wichtige Begriffe wie Gestose und Mineralstoffe im Sachregister.

Sachregister

IMPRESSUM

Umschlag-Vorderseite:
Das Rezept für den Gemüse-Hähnchen-Topf finden Sie auf Seite 52.

Wichtiger Hinweis
Die Rezepte und Ratschläge in diesem Buch stammen von einer Ernährungswissenschaftlerin und sind erprobt. Die medizinische Forschung auf diesem Gebiet ist nicht abgeschlossen, und zu Einzelfragen werden auch von namhaften Wissenschaftlern abweichende Meinungen vertreten. In Zweifelsfällen sprechen Sie bitte immer mit Ihrem Arzt.

CIP-Kurztitelaufnahme
der Deutschen Bibliothek
Für Schwangere: jetzt das Richtige essen! ; Rundum wohlfühlen mit ausgewogener Ernährung; dazu: praktische Tips und kompetenter Rat / Dagmar v. Cramm.
– 1. Aufl. – München:
Gräfe und Unzer, 1993
(GU Küchen-Ratgeber)
ISBN 3-7742-1528-6

1. Auflage 1993

Redaktion:
Adelheid Schmidt-Thomé
Layout: Ludwig Kaiser
Gesamtherstellung: BuchHaus.
Kraxenberger.Gigler.GmbH.
Fotos: Odette Teubner,
Dorothee Gödert
Umschlaggestaltung:
Heinz Kraxenberger
Reproduktionen:
Paul Pfau GmbH & Co KG.
Druck und Bindung:
Druckhaus Kaufmann, Lahr
ISBN: 3–7742–1528-6

Dagmar Freifau von Cramm
studierte Ökotrophologie und setzte nach erfolgreichem Abschluß des Studiums die Theorie der Ernährung in die Praxis des Kochens um. Sie war als Redakteurin bei einer großen Münchner Kochzeitschrift tätig. Seit 1984 arbeitet sie als freie Fachjournalistin für Ernährung und ist inzwischen Mutter von drei kleinen Söhnen. Dementsprechend beschäftigt sie sich besonders intensiv mit moderner, gesunder Kinderernährung. Seit 1986 ist sie freie Mitarbeiterin der Zeitschrift »Eltern« und entwickelt regelmäßig Rezepte für Schwangere, Stillende, Kleinkinder und die ganze Familie.

Odette Teubner
wurde durch ihren Vater, den international bekannten Food-Fotografen Christian Teubner ausgebildet. Heute arbeitet sie ausschließlich im Studio für Lebensmittelfotografie Teubner. In ihrer Freizeit ist sie begeisterte Kinderporträtistin – mit dem eigenen Sohn als Modell.

Dorothee Gödert
arbeitete nach ihrer Ausbildung zur Fotografin zunächst im Bereich Stillife- und Interieurfotografie. Nach einem Aufenthalt in Princeton/USA spezialisierte sie sich auf Food-Fotografie. Sie war bei namhaften Food-Fotografen tätig. Seit April 1988 fotografiert sie im Fotostudio Teubner.